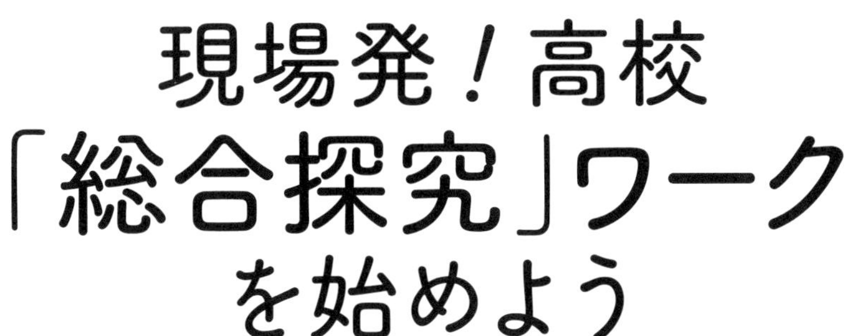

現場発！高校「総合探究」ワークを始めよう

教室と社会を結ぶ「探究」ワークシート＆指導書

元大阪府立高校教諭／大阪大学大学院教授
佐藤 功［編著］

学事出版

生徒向け「ワークシート」版

はじめに

～「探究」の“BODY”って何？～

さあ、「探究」をやってみよう！

これまでの学びと、そもそも学び方が違うんだよ。

課題は先生から与えられるんじゃない。自ら設定するんだ。

情報の収集は、教室の中にとどまるな。ネットだけに頼っちゃダメだ。学校を飛び出し、実社会の多様な他者と関わるところにこそ、意味がある。

整理し分析し、そして学んだことをまとめて表現する。もしかしてきみの行動によって、社会が変わるなんてことになったら最高だ。そのときの喜びは、きっととてつもないものとなることだろう。

さあ、やってみよう、「探究」――。

……てなこといきなり言われても、

「できるかいッ！」

という声が全国あちこちの高校から、高校生から、聞こえてくる。

そうなんだ。

今までの日本の教育は、実際そんな学びとは対極だったということだ。

先生から「これを調べなさい」と与えられたテーマで、調べ方から発表方法まで指定されていた高校生にとって、「さあこれからは探究の時代。だから自分で、自由に」といきなり言われても、いったいどうすればいいの？

そう思うのもアタリマエ。

プール泳ぎもまったくなしで、いきなり大海に放り出されたら、おぼれちゃうよー。

きみたちの叫びが聞こえてきそうだ。

この本、本当の意味での「探究ワークシート」は、第3章のたった数ページだけです。いや、実際にきみが探究を究めたときには、もはや「ワークシート」なんて不要で、それこそきみ独自の、きみだけの方法で、どんどん探究的な学びに取り組んでいくことだろう。

でも、そこにたどりつくまでは、「課題設定方法にはこんなやり方があるよ」「先輩たちはこんな調べ方をしたんだよ」「アウトプットにはこんな方法もある」などを、体験的に、しっかり学んでほしいと思っています。

「なるほど。こういうやり方があるのか。じゃあ自分はこれとこれをアレンジして……」

そう考えるようになったときのきみには、じゅうぶん探究の“BODY”が備わっているぞ。

あなたの素敵な“探究BODY”つくりに、本書が少しでも役立てばうれしいです。

教員向け「指導書」版

はじめに

この「はじめに」の原稿を書こうとしていたとき、ある新聞広告が目に入りました。

『はじめてのスマホで困ったときに開く本』263万部突破！（2020，朝日新聞出版）

2020年12月現在の数字です。本が売れないこの時代に、超・超・ベストセラーだ。

今や世の必需品と化しているスマホですから、好きだ嫌いだ言ってられない。否が応でも手にしなければならない人も多いだろう。目の前の生徒たちはあんなにすらすらとスマホを操るのに、こちとら聞き慣れないカタカナ１つ出てきただけで、もう放り出したくなってくる。そんな「今さら聞けない」内容について親切に解説してくれる福音書、売れるのもよくわかります。

そういう意味では、「探究」も同じです。これまでの「総合的な学習の時間」は、「総合的な探究の時間」として、2022年から行わねばならない。「総合は苦手で」とか言ってられません。教科指導に読み替えていた学校も、2022年からは必ず「探究」です。

でもここで、『はじめての探究で困ったときに開く本』があったとしても、そう簡単にベストセラーとならないところに、「スマホ」と「探究」の違いがあります。

教科横断や教員同士の協働授業というのは、そんなマニュアル１つでできるような、単純なものではありません。おまけに目の前の生徒たちの多くは、「探究」の目標とされる「各教科・科目等で学んだ見方・考え方を総合的・統合的に活用しながら，様々な角度から捉え，考える」(『高等学校学習指導要領(平成30年告示)解説 総合的な探究の時間編』p.13）経験なんて、したことがない人たちです。

本書は当初、『探究の "BODY" をつくるワークシート』というタイトルで、「生徒向けワークシート」として企画されました。

発刊意図は、左記「生徒向け・はじめに」で述べたとおり。それを使って生徒の探究 "BODY" づくりに付き添う先生方向けに編んだのが本書です。「そもそも『探究』にワークシートなんてありうるの？」「『白紙の紙１枚』こそ、探究ワークシートでは？」「でも、目の前の生徒はそれだけではぜったい動けないよ」……カンカンガクガク。理念と目の前の現実とのはざまで、少しでも前向きに、そして無理なく取り組むためには、一発回答のマニュアルなんてありません。

「毎日がいっぱいいっぱいなのに、このうえ新しいことを勉強して教えるなんて……」

不安の声（悲鳴？）をあげられる先生方と、そんな先生方をつないで協働的な「探究」に取り組もうとされている探究担当の先生方とが語り合えるプラットホームになる――それが私たちの切なる願いです。

著者を代表して　　佐藤　功

現場発！ 高校「総合探究」ワークを始めよう

もくじ

本書の構成と使い方

未経験ゆえ「『探究』？　何それ？」という生徒たち、そして、「探究」指導に対して「自分は不慣れだ」と自認される先生たちに、どうすれば「これなら自分でも取り組めそう」と思っていただけるのか――。

それを主眼に、私たちはミーティングを重ねてきました。執筆各メンバーが、「伝えたい仲間（同僚）」の顔を具体的に思い浮かべ、どうすれば、その人と一緒に豊かな「探究」授業ができるのだろう？　かなりの激論を交わしてきました。

以下、本書を「授業書」として使っていただくにあたっての注釈です。

★　★　★

・本書を通じて、「総合的な学習の時間」→「総合」、「総合的な探究の時間」→「探究」と略表記しています。

・２章、３章の「ワークシート」部分は直接高校生に向けて書いています。その他の部分は指導を担当される教員向けの解説書ですが、資料等は、先生方でコピーしてご使用ください。

・２章は「課題設定」「情報収集 / 整理・分析」「まとめ・表現」の方法それぞれについて、ワークシート形式で例示しています。もちろん、自由な発想に依拠する「探究」ですから、生徒の実態に合わせてアレンジしてご使用ください。
　たとえば、本書ワークシートで「まとめ・表現」が「プレゼンテーション」となっているものを、「ポスターセッション」や「動画作成」で行う、等、それぞれ状況と獲得すべき目標に応じて変更してください。

・本書のワークシート資料については、印刷してご使用ください。また、プリント等のデータについては、《学事出版ホームページ「書籍総覧」の本書「詳細」》より取得いただくことができます。word ファイルで加筆できるようになっているので、どうぞご利用ください。

・学校現場の多忙が叫ばれる昨今ですから、１人の担当者が全ワークの教材研究を行い担当するだけの時間を捻出するのはなかなか困難です。適宜指導担当者間で分担してください。
　たとえば、６人の担当者がそれぞれ１テーマずつを担当し、担当クラスを順次入れ替える（教師が入れ替わって授業する）という方法が考えられます。この場合、それぞれ１つの教材を研究するだけですみます。

※上記「授業ワークシート」部分については、別途教材として、高校生向けワークシート授業書（冊子化）を計画中です。生徒に持たせてそのまま使用できます。

第1章

まずは「班づくり」から始めよう

1 班のつくりかたいろいろ

私たちは、「人と協働する力を養うこと」は「探究」の大きな目的であると考えており、その意味で、班分けは、「探究」の学びにかかわる大切な要素だと思っている。

議論や班での取り組みをすすめるのに適当な人数は、１班４人から６人程度。以下に、班をつくる、いくつかの方法を列挙する。

①出席番号順。
②教室で座っている座席順。
③同じ興味関心、問題関心をもつ者で班をつくる。
④気の合う者同士で班をつくる。
⑤抽選で決める。
⑥教師が決める。教師がクラスの状況に合わせて配慮も加えながら決める場合もある。
⑦班長になりたい人を立候補、推薦などでまず決め、あとから班員を決めるケース。班長以外の班員はくじびきで決めるほか、班長間の話し合いで決める方法もある。
⑧ゲームを使って決める。アイスブレイクも兼ね、なごやかに班を決めることができる。

【例】上着の色でグラデーション

私服の学校で、「今着ている上着の色で、白っぽい色から黒っぽい色の順番に並んでみよう」。一列もしくは円になるよう指示すると、生徒たちはわいわいとコミュニケーションを取りながら並んでいきます。

お互いのファッションチェック等をしたあと、

「では、こちらの人から順番に１から８までの番号を言ってください」

１人目が「１」、２人目が「２」、……８人目が「８」、そして９人目からまた「１」、10人目「２」……。

「１から８の番号ごとに集まってください。はい、これで８つの班ができました」

他に、誕生日順、今朝早く起きた人順など、並んだ順にいろいろインタビューしたあと番号をつけることで、なごやかに班分けができます。

2 班が決まったら……アイスブレイクいろいろ

「では、○○のテーマについて５分間話し合ってください」

そう指示したものの、班員のだれもが互いを意識して黙りこくり、ちっとも議論が進まず気まずい雰囲気が漂うことがある。固まってしまっているメンバーを溶かす（氷を溶かす＝アイスブレイク）ことは、これから協働して活動を進めていくうえでの重要なポイントで、今後のクラスづくりともかかわってくる。

学年はじめの、まだクラスメートの顔と名前が一致していない時期や、クラスを解体して知らない人と一緒に活動を行う場合には、まず「メンバーの顔と名前を一致させること」から始めてみよう。

【例】名前覚えゲーム

「では、その班の人の名前を覚えてしまいましょう。まず最初の人は、「○○が好きなイトウです」などと自分を表現するメッセージ（※この場合では「好きな食べ物」）をつけて自己紹介します。その右隣の人は「○○が好きなイトウくんの隣の△△が好きなサトウです」と紹介します。次の人は「○○が好きなイトウくんの隣の△△が好きなサトウさんの隣の ×× が好きなスズキです」と紹介します。こうして最初の人から全部つないでいって全員分の自己紹介。最後は、一番最初に始めたイトウくんが、「△△が好きなサトウさんのとなりの ×× が好きなスズキくんの隣の……○○が好きなイトウです」となって上がりです。

難しそうであれば名前だけでもよいですし、簡単過ぎるようなら「○○が好きな」の部分をいろいろアレンジし、名前だけでなくその人がどんな人なのかもわかるようにしたいもの。ゲームを少し入れるだけで、そのあとの議論が大きく活性します。

3 いよいよ次は役割分担

①班の進行役として議題を出したり、発言を促す、あるいはまとめるなど議論をリードする司会役（ファシリテーター）の生徒を決める。中学校までにそうした経験があって得意な生徒もいるだろうし、未経験の人もいるだろう。役割の重要性を理解した上で、班員全員が積極的な姿勢で司会の決定に参加させたい。

（※班長だけは前記 2 のアイスブレイク前に決めておくと、アイスブレイクがスムーズに進む）

②ファシリテーターが決まったら、班でとりくむ課題を明確にして役割分担を行う。「人におまかせ」ではなく、自覚をもって役割を果たす姿勢が大切で、「何をやるのか」「誰がやるのか」「いつまでにやるのか」という課題と責任、期限を明確にしたい。

本書 2 章以降のワークシートでは、各班で役割分担をする例がいくつも見られるが、だれかが過重な任務を担うのではなく、それぞれ 1 人 1 役で明確な仕事ができるよう、生徒の状況をもとに役割分担を行う。

③話し合う際には、レジュメ（話し合いの項目と要点を示したもの）と必要な資料を用意することなども指示したい。

これら班づくりの意義を、生徒たちとワークを行うなかで確認する場合は、次ページ以下のワークシートを使用されたい。

「班づくりってやっぱり大切だね」を実感する ワークシート

◆次の先生と生徒のやりとりを読んで（　　　　　）に適当な言葉を下の語群から選んで、実際に班分けで起きうる会話をシミュレーションしてみよう！

先生：それでは、「探究」の時間の班分けをやります。班分けにあたって考えておかないといけない大切なことを確認します。

A：先生、そもそも「探究」って何ですか？

先生：そうですね。みなさんは日々の生活の中で、なぜ？とか、どうして？とか疑問に思うことはないですか？　日常生活や社会に目をむけたときに湧き上がってくるような疑問や関心にもとづいて、自分たちで学ぶ具体的な問題、テーマを決めます。その問題、テーマについていろんな情報を集めて整理・分析し、知識を学んだり、みんなで話し合ったり、レポートにまとめたり、資料をつくって発表したりします。そうすると、また次の課題やテーマが見えてきます。次はより高度な形でそういう学びが連なっていく、そういうイメージですね。

B：なんか、めんどくさそう。

先生：でも、そういう学びを通じて、みなさんの社会や物事を探究していく見方や考え方は鍛えられていくと思います。そして、それは自分の生き方や社会の在り方も考えることにつながって、よりよい自分と社会をつくることにつながると思いますよ。

C：テーマ選びが難しそう。

先生：日ごろからテレビのニュースや新聞で世の中の出来事に関心をもつことが大切だと思います。ネットは自分の気に入ったニュースしか選択しない傾向があるので情報が偏るのが欠点ですね。そういうことを意識することは大切です。

A：よくわからないけど、まあ、やってみよう。先生！　班分けは好きなもの同士でよくないですか？

先生：それでもいいですが、考え方が同じような人ばかりで集まるのはどうかな、と思います。

B：男女のバランスは考えるんですか？

先生：テーマにもよりますが、平均的に性差で意識や考え方に違いがある場合には、考えた方がいい場合もありますね。

C：私、班長やりたい。

先生：いいですね。班長の役割として大切なことは何ですか。

C：まとめること。

先生：そうですね。まとめるといってもいろいろありますね。まとめる前にまず、班で（1.　　　　　　　　　）をはっきりさせましょう。班員には課題に対して温度差もあるでしょう。積極的に発言する人、発言は苦手な人、いろんな人がいるのでそれぞれの（2.　　　　）をしっかり把握しましょう。そのとき、この人はこんな人だと思い込みに陥らないことも大切です。

C：なんか、難しいな。

先生：何事も経験、練習です。話し合うときに班長も班員にも大切なことは、（3.　　　　）に自分の考えがしっかり伝わるように意識して話すということです。そして、相手の話をしっかり聞く姿勢。わざとらしくてもいいので、相手やみんなの（4.　　　）を見て話したり、相手の話に耳を傾けていることがわかるように（5.　　　　　）ながら聞くことも大切です。これも練習が必要ですね。

A：話し合おうとしてもなかなか意見がでなかったり、同じ話の繰り返しで堂々巡りになったりするよなあ……。

先生：そういうことはよくありますね。そんなときは、司会の腕の見せどころで、発言を促したり、思い切って議題を変えたり、休憩したりといろいろやりかたはあります。議論がすすまないのは、資料の不足だったり知識が不十分だったり、いろんな要因があります。班で話すときは、何を話すのかを明確にした（6.　　　　）を用意しましょう。それがあると、話し合いがスムーズにすすみます。

B：ぼくは班員でいいや。

先生：班員の人は、班長におまかせになってはいけません。（7.　　　　）をもってやることが大切です。さっきも言ったように、探究の課題は日常生活や社会に目をむけたときに湧き上がってくるような疑問や関心にもとづく、自分たちがおもしろいと思うようなテーマを、自分たちで考えてほしですね。

C：班の運営で気をつけておいた方がいいことはありますか？

先生：班で話し合って進めるときは、（8.　　　　　　　　）・（9.　　　　　　　　）・（10.　　　　　　　　　　）という課題（8）と責任（9）、期限（10）を明確にしましょう。具体的な調査結果は、資料としてまとめてみんなに発表できるようにしましょう。資料はわかりやすさとか見栄えなどの工夫も必要です。発言は苦手でも、資料づくりは得意という人もいますから、個人の得意分野を生かした運営を心掛けるとよいと思います。

D：先生！　ここまで話していて今さらなんですが、一人でテーマを選んで調べるのはだめですか？

先生：一人で調べるのもありだけど、今日は、グループワークでやってみよう。グループワークでは多様な考え方や意見を反映させることができるし、コミュニケーションも深まる。協働でやることはとても大切だから、今日はそれでやってみよう。

【語群】

目　　相手　　責任　　個性　　レジュメ　　うなづき　　何をやるのか
誰がやるのか　　何を話し合うのか　　いつまでにやるのか

【ワークシート（pp.10–11）空欄部解答】

（1）何を話し合うのか　（2）個性　（3）相手　（4）目　（5）うなづき
（6）レジュメ　（7）責任　（8）何をやるのか　（9）誰がやるのか
（10）いつまでにやるのか

第2章

「探究」の“BODY”をつくるワークシート&指導書

Ⅰ 「映像視聴」から始めよう オトナたちに教えようSNS

ワークシート編

今回の授業の最終目標は、
「SNSが苦手な世のオトナたちに、５分間の‘授業’をしてください」

物ごころついたときから当たり前にケータイやスマホがあった高校生は、ある意味「ＳＮＳの専門家」。「後からやってきたＳＮＳ」に苦労している世のオトナたちに、使い方や注意点などをしっかり教えてほしい。

(１)【課題設定】映像視聴

「(大人はＳＮＳの)意味がわからんのよー」
ＳＮＳをテーマにしたテレビ番組で、思わず出演者がつぶやいた。
これって、かなりのホンネらしい……。
まずはこの映像を視(み)てください。

≪資料≫ある高校で保護者の方から「ＳＮＳのこれが知りたい」を聞きました(抜粋)

①高校生が普段SNSをどれぐらいの時間使っているのか、またどのように活用しているのかを教えてください。
②最近SNSがきっかけでいじめが起こっているとよく耳にして不安に思っています。どうしていじめが起こるのでしょうか？
③子どもがずっとSNSばかりしています。なぜ高校生はそんなにSNSにハマるのですか？
④就職活動時に企業が学生のSNSをチェックすると聞くのですが本当ですか？　学生はどのようなことに気をつければよいのでしょうか？
⑤よくSNSで炎上が起こると聞きますが、どうして炎上が起こるのですか？　炎上してしまったあと結局どうなってしまうのですか？
⑥SNSの怖い話はよく聞きますが逆にSNSに関する良い話や感動話を知りたいです。
⑦SNSで個人情報が漏れて色んなトラブルが起きているのは本当ですか？　トラブルに巻き込まれないためにはどうすればいいですか？
⑧知人がSNSでなりすまし被害に合ったそうです。なりすましによってどんな被害が起こりますか？　それを防ぐためにはどうしたらいいでしょうか？
⑨SNSで知らない人と繋がって仲良くなることがよくあるそうですが、それって危険ではないのですか？　繋がる際は何に気をつければよいですか？
⑩子どものＳNS利用について、親はどう接したらいいのでしょうか？　子どもは親にどうしてほしいと思っているのでしょうか？
⑪そもそもSNSのことをよく知りません。SNSとはどのようなものなのか、またそのメリットを教えてください。

○「マッピング」をやってみよう

例：テーマは「探究」

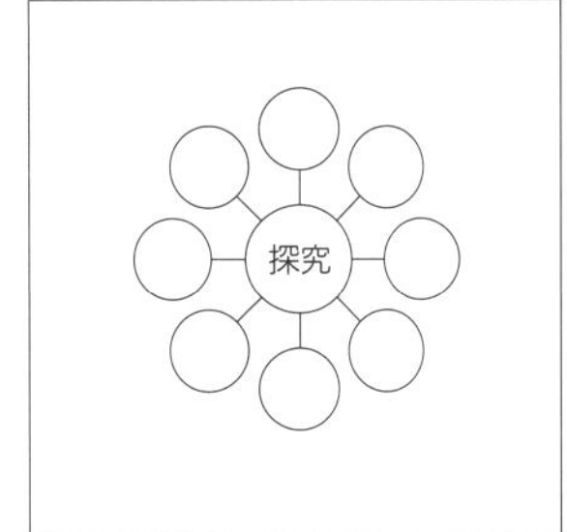

○「マッピング」って何？

　あるキーワードから連想されることやイメージをどんどんつなげて広げてみよう。探究のテーマ探しに大いに役立つ。

①まず、今回のテーマを真ん中の円の中に書こう。
　(右の例では「探究」)

②「ＳＮＳ」と聞いて頭に浮かぶことを「ＳＮＳ」の語につないでまず書いてみよう。次ページでは８つの囲みがあるが、もっとたくさん浮かんだ人はもっとたくさん書いてもよい。

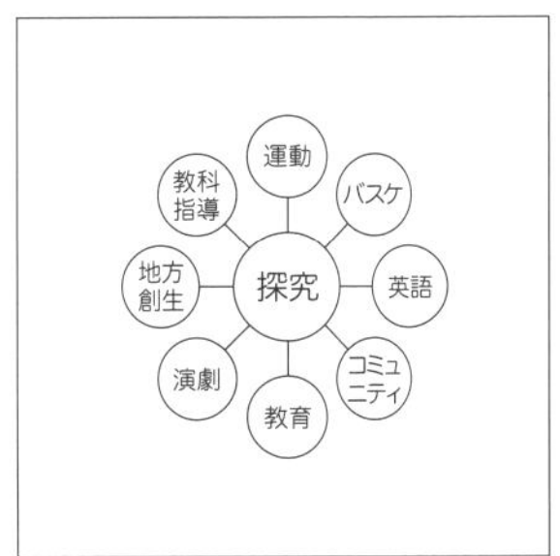

③それらのワードに関連することを、１つにつき最低複数個（２つ以上）書いてみよう。深刻に考えることはない。気軽に、リズムよく。なぜそのキーワードが浮かんだのか、それをもとに、もっと知りたいことは何なのか、ここからこんなことが学べるなあ、調べられるなあ、など、自由にどんどん書いてみよう。

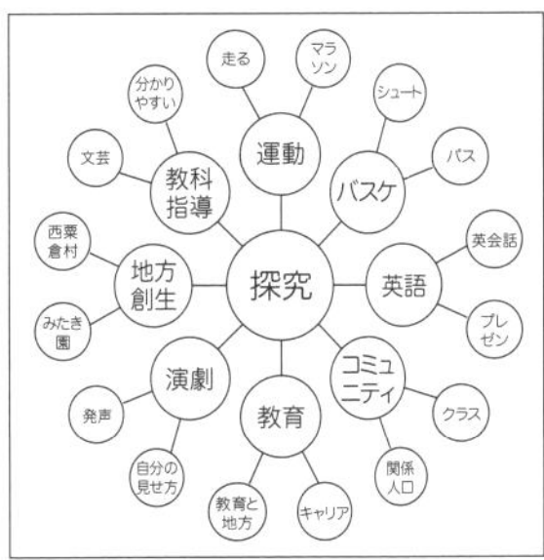

④用紙がいっぱいになったら、それぞれの関係をさぐってみよう。同じようなキーワードや、もしかしたら同じ内容があるかもしれない。線で結んだり、同じ色で色分けしたりしてみよう。あなたの問題意識や考える傾向がはっきりしてくるかも？

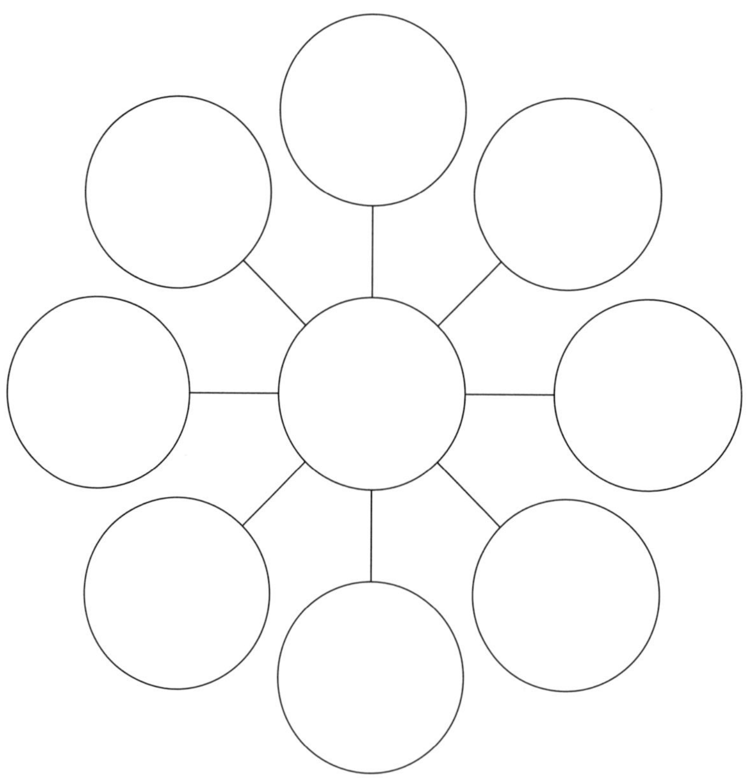

⑤近くの席の人と見せ合おう。「いやあ、見せるのはちょっと……」という人はいくつかを読み上げてもOK。

互いに「気になるワード」を３つ指さしあう。指さされたら、なぜその言葉を書いたのかを、簡単に説明しよう。人に説明することで、自分の考えがはっきりしてくるかも。

⑥これらの作業を経て、自分の「気になるワード」＝私の「イチ押し」「２押し」「これも捨て難し」を下の表に書きこもう。

	気になるワード	理由
イチ押し		
２押し		
これも捨て難し		

(1)班のメンバーの「気になるキーワード」、私の「イチ押し」「二押し」「捨て難し」を書いてみよう。

名　前	キーワード（イチ押し、2押し、捨てがたし）	◎○△×
（自分）		

(２)前ページの表に、それぞれの「やりたい」「やるべき」「やれる」を皆で判断して
◎○△×を入れてみよう。　　　（大いに◎　確かに○　まあまあ△　あんまり×）

(３)この表を参考に、この班が調べる「問い」を決めよう。(「問い」のカタチ＝疑問文で)

(２)情報収集/整理・分析

※【発表日】　本番～(　　　)月(　　　)日(　　)曜日(　　)時間目

「オトナたちに教えようSNS」ミーティング用紙

●班長（　　　　　　　　　　　）

●班メンバー（　　　　　　　　　　　　　　　　　　　　　　　　　　　　）

●わたしの班の「問い」

●今のところ、使おうと思っている「武器」（※何か使うものがあればマル）

紙芝居・ビデオ機材・模造紙・書画カメラ・パワーポイント・ほか(　　　　　　　　　)

●作業日（１回目）　（　　　）月（　　　）日（　　　）曜（　昼休み・放課後　）

●作業場所　（　　　　　　　　　　　）

(3)【まとめ・表現】高校生による大人向け授業、教科書づくり

さあ、5分間の「授業」だ！

　授業に使う「教科書」もつくろう。
　各班が調べてつくったページに、「表紙」「目次」をつけて冊子にしよう。

「SNSの教科書」例

「目次」例

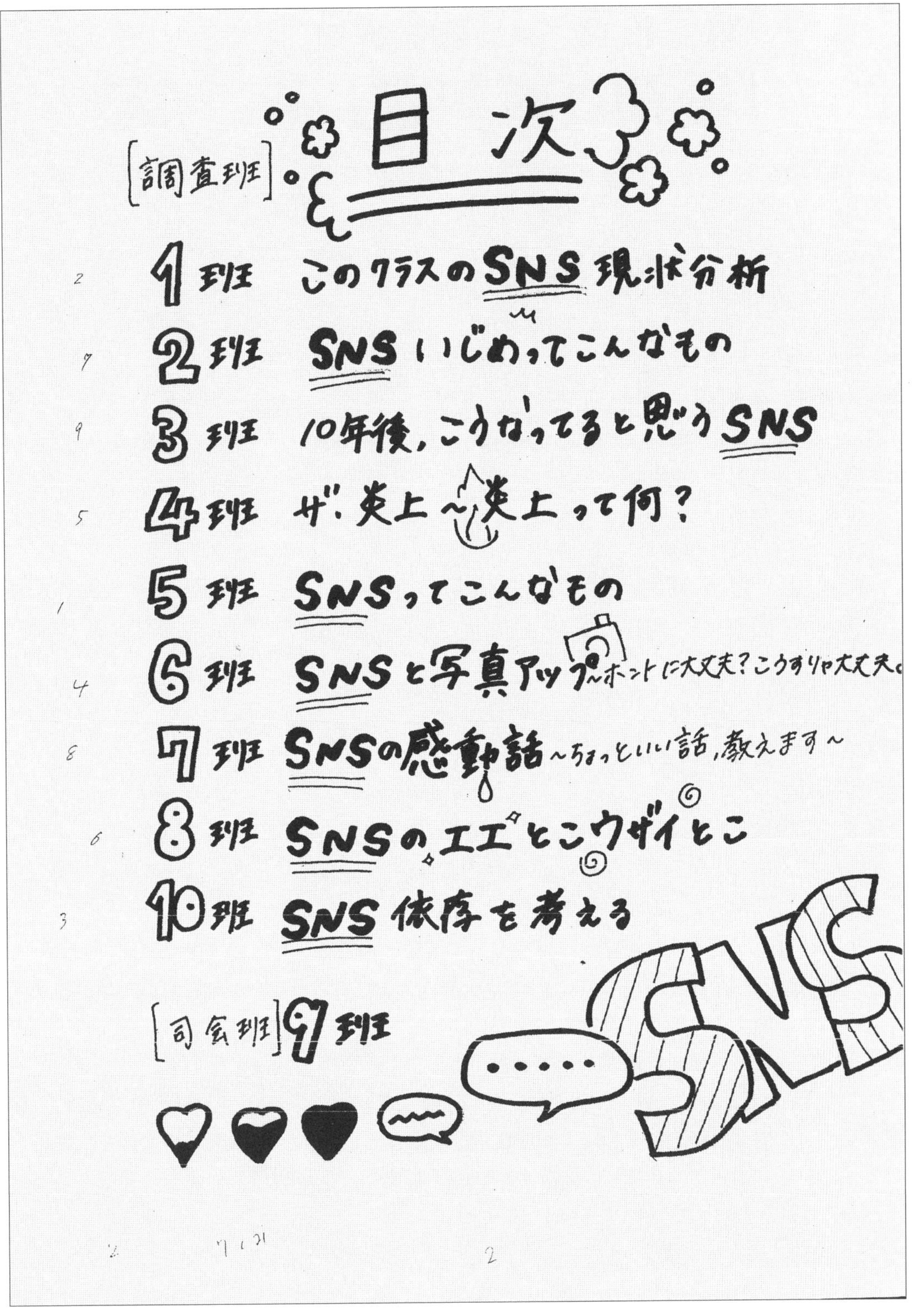

目次
[調査班]
1班 このクラスのSNS現状分析
2班 SNSいじめってこんなもの
3班 10年後、こうなってると思うSNS
4班 ザ・炎上～炎上って何？
5班 SNSってこんなもの
6班 SNSと写真アップ～ホントに大丈夫？こうすりゃ大丈夫。
7班 SNSの感動話～ちょっといい話、教えます～
8班 SNSのエエとこウザイとこ
10班 SNS依存を考える
[司会班]9班
SNS

I 「映像視聴」から始めよう「授業と教科書」をつくる 指導書編

1 このワークのねらい

目の前の高校生たちは、「ものごころついたときからケータイ（スマホ）がある」世代。「デジタルネイティヴ」の彼らに「付け焼き刃の知識」で対峙しても追いつかない……と開き直ったところで、彼らを先生に大人たちが学ぼう、という形態のワーク。

もちろん、若者のSNS使用のあり方（使用法）が社会問題となっている昨今、大人たちに「教える」ことで、高校生が主体的に調べる中で正しい知識や使用法を学ぶことが、隠れたねらい。

2 ワークシート空欄解答

・空欄なし

3 展開例

（1）【課題設定】映像視聴

●1時間目

・生徒の問題意識を高めるため、動画の視聴を導入に使う。映像や音楽を駆使したテレビ番組の解説映像などは有効だし、改正著作権法第35条により、「授業の過程で著作物を無許諾・無償で複製すること」は認められている。

・しかし、ただ「ビデオを視せるだけ」の授業はまたそれも「平板」である。空欄入りワークシートに内容を書き込ませたり、番組の途中でストップして、クイズや質問、解説を交えるなど、あくまでも「教授資料の一部」として使いたいもの。

・今時の授業では、在阪民放夕方の報道番組から、「SNSの危険性を高校生が自分たちで調べた授業」のニュース録画8分間を使用し、導入とした。探究だけに限らず、「これ、使える！」と思う番組を録画して、教科の授業でも使う。最近は「見逃し配信」対応のテレビポータルもあって便利だし、新聞、雑誌等の記事も、授業や学級通信で使えそうなものがあればストックして使用したい。

・いっぽうで、たとえば今回のテーマだと、「SNS　危険　動画」「SNS　調べる　ユーチューブ」などのキーワードでネット検索すると、警察や自治体、スマホ会社、独立行政法人などが作成した啓発作品が提供されている。10分程度の手頃なものが多く、なかには数十万回ダウンロードされたヒット作もある。違法ダウンロードに注意しながら適宜使用し、生徒の頭に「？」という問いが生まれたところで、次のワークへと進む。

【参考（例）】

- ・文部科学省『 情報モラルに関する指導の充実に資する〈児童生徒向けの動画教材、教員向けの指導手引き〉・〈保護者向けの動画教材・スライド資料〉等』
  https://www.mext.go.jp/a_menu/shotou/zyouhou/1368445.htm
- ・IPA（独立行政法人情報処理推進機構）『IPA Channel』
  https://www.ipa.go.jp/security/keihatsu/videos/
- ・新潟ろうきん公式チャンネル 『考えてみよう SNS やスマホとの付き合い方』
  https://www.youtube.com/playlist?list=PLf0eaXM3_4zAlgcdnm5XhVSGEP0H-CNMj

・「マッピング」の例は15ページ。これを参考に、マップをどんどん広げていく。←ここまでが個人ワーク。

・近くの席の人と見せ合い説明しあって深める。

・自分なりの「イチ押し」「２押し」「捨て難し」を書くところまでで１時間。

● 2 時間目

・４人程度の班をつくる。

・班ごとに、メンバーそれぞれの「イチ押し」「２押し」「捨て難し」を確認。各班ごとに「問い」を作成する。

・班員メンバーの問いと、それぞれの「やりたい」「やるべき」「やれる」を検討する。

・この班の「問い」を１つ決定する。

※その際、１つの班は『司会班』として、資料（SNS の教科書）を作成し、その後の「SNS 授業」を仕切る。司会、運営など。詳しくは27ページ参照。

【参考例】先輩たちが調べたテーマいろいろ

ア、SNS ってこんなもの。種類、特徴あれこれ

イ、SNS のエエとこウザイとこ

ウ、このクラスの SNS 現状分析

エ、SNS いじめってこんなもの

オ、SNS と写真アップ～ホントに大丈夫？　こうすりゃ大丈夫

カ、10年後、こうなってると思う SNS

キ、SNS 依存を考える～現状、高校生を救う名案、など

ク、SNS と就職活動

ケ、SNS 会社はこれで儲けてる

コ、SNS 被害はここに相談

サ、SNS を学ぶ～こんな教育があればよい

シ、知らない人とつながる SNS

ス、SNS なければ明日はどうなる？

セ、こんなルールがあればみんながハッピー
ソ、高校生はSNSについて親にこうしてほしい
タ、SNS・のっとりとなりすまし
チ、ザ・炎上〜炎上って何？
ツ、SNSの感動話〜ちょっといい話、教えます〜
※「探究」の用法を学ぶには、上記タイトルは、「問い」の形で考えるよう指導する。21ページの「目次」例の中には、「問い」の形でないものもあるので注意。
（例）ア、SNSってこんなもの。種類、特徴あれこれ
→SNSの種類、特徴とは何だろう。

（2）【情報収集/整理・分析】

・おもに書籍やインターネットで調べるが、クラスのメンバーやほかの人相手に実態アンケートをとってもよい。（次ページはアンケート例）

（3）【まとめ・表現】生徒による「授業」

〈資料作成・準備〉

・各班ごとに、A4またはB5判1枚の「資料」を提出。「司会班」がそれを印刷・製本する。締切を適宜設定する。（表紙は司会班が作成する）
・発表方法はさまざま。紙芝居・ビデオ機材・模造紙・書画カメラ・パワーポイントなど、使用するグッズの用意をする。
・司会は、各班のがんばりに応える「感想文用紙」を作成する。
・授業を受ける「生徒役」の大人に案内を出し、当日来てもらう。保護者、校長先生ほかの先生、地域の方、ほか。

〈当日準備〉

・司会班は、各班と打ち合わせ、機器の準備、「授業」の順番決めを行う。
・司会班は、手分けして参観いただいた大人の方を教室に案内したり、お礼を言って退席いただいたり、おもてなしを行う。

〈当日発表〉

・各班ごとに授業5分間。「授業」なので、単なるプレゼンではなく、書き込みや参観者や各班の生徒たちを指名したり、議論などを行う。よくわかり、また飽きない授業をするよう指示（日ごろの教師の苦労や偉大さ（？）もしっかり生徒にわかってもらう）。
・司会は、各班の授業後、時間に応じて他班の生徒や参観いただいた大人の方から質問を受け付けたり、指名したりして深める。
・各班の授業ごとに、その班への感想を用紙に書いてもらい、あとで各班へそれらを渡す。

4 補助資料

次ページ以降参照
≪学事出版HP「書籍総覧」の本書「詳細」≫にデータあり。適宜改稿して使用ください。
【ダウンロードパスワード tankyu_sns】

＜資料１＞　SNS 実態アンケート

①あなたはスマホ・ケータイを持っていますか。

a）持っている。（デビューは（小・中・高等）学校（　　　）年生から）

b）持っていない。

c）その他（　　　　　　　　　　　　　　　　　　　　　）

②あなたがいま行っている SNS は？（複数マル可）

a）LINE　　b）ツイッター　　c）フェイスブック　　d）インスタグラム

e）Tik Tok　　f）その他（　　　　　　　　　　　　　　　　　　）

③あなたのスマホ・ケータイの利用目的は？（多い順に上位 3 つの数字を入れてください）

ア、SNS（　　　）　イ、インターネット（SNS 以外）（　　　）　ウ、電話（　　　）

エ、メール（　　　）　オ、ゲーム（　　　）　カ、その他（　　　　　　　）（　　　）

↑
何ですか

④あなたのスマホ・ケータイルールは？

1、1日の利用時間は（　　　）時間ぐらい。

2、利用に対するルールは？

a）自分として決めている。（　　　）時間まで。

b）決まっていない

3、寝室にスマホ（ケータイ）は

a）持ち込んでいる　　b）持ち込んでいない

4、食事中のスマホ（ケータイ）は

a）している　　　　b）していない

5、スマホを使うときは、

a）用事(勉強や入浴など)がすんでから　　b）関係なし

6、スマホを使うルールは

a）国の法律で一定決めてほしい。　　b）学校の校則で一定決めてほしい。

c）不要

⑤その他、SNS について思うこと、自分の経験、もっとひどい状況があるよ、こんな「スマホいじめ」を経験した(見た)、こうすれば被害がなくなる、など何でも教えて。（スペース足らないときはウラへ）

【ＳＮＳ授業感想用紙】

・このＳＮＳ授業のよかったこと。工夫されていたこと。
・ここをこうすればもっとよくなると思ったこと。
・質問事項
・その他　何でも書いてください。

（この用紙はそのまま授業をしてくれた班に渡します）

★ＳＮＳ授業を行った（　　　）班へ
（　　　　　）班（　　　　　　　　）

★ＳＮＳ授業を行った（　　　）班へ
（　　　　　）班（　　　　　　　　）

＜資料３＞　司会班向け　当日補助資料（数字は適宜改稿ください）

「オトナたちに教えようSNS」司会班打ち合わせ

１，今日やること、確認しておくこと。
①当日の段取り確認

②「みんなのためのSNS教科書○組編」を製本する。
・60部印刷されています。
・製本後、10部は提出。残りを持ち帰ってクラスで配り、残部は教卓に入れておく。
（担任にも報告）

③お客さん用のイスの運搬

２，当日の段取り
（１）これはしっかり確認しておく。
「仕切るのは司会班」
「先生、何したらええの？」と先生に聞かない。
「かんでもいい。ぐだってもいい。司会班が知恵出し合って乗り切ろう」
→先生たちやお客さまにも「司会班ががんばるので温かい目で見てやってください」と伝えてます。
・当日やることやスケジュールを知っているのは司会班。担任も基本的に「お客さまへのあいさつ」のみ。４人でがんばって。

（２）このあと教室で（今日このあと、担任の先生に申し出て時間をもらう）
・「教科書」を配る。「なくさない」よう注意。残部は教卓の中へ。
・連絡「当日は、各班への感想文を切るので、ハサミか定規必要」

（３）11月16日（木）のスケジュール（各組の台本に確認しておいて）
朝のＳＨＲ　　担任の先生に時間をもらって連絡。
・「昼休み中に準備物の確認をしておくこと」
・「途中の休憩はないのでトイレに行っておくこと」
・「予鈴13：15になったら筆記具＋はさみ・定規＋発表に必要なものを持って班ごとに移動して座ること」
※別紙「座席表」を教室に貼る。

13：15　各組の机、いす並べ。（座席表どおりに、机移動を仕切る）
13：15　司会班１人は視聴覚室へお客さまの出迎え→教室へ案内。
13：25　開会。

①司会班の開会あいさつ。
②担任より
※担任の先生には、「各先生からのあいさつ＋自分もオトナの１人として受講。今回は司会班中心に生徒たちががんばって運営する」ことも伝えてもらいます。（あとは頼らずがんばれ）
③お客さま紹介（ひと言もらってもよい）
④進め方の紹介
<基本>　※がんばった人たちにはしっかり拍手しよう。
・司会班がテーマと班を紹介。
・班員４人で「授業」（３～５分）
・受講者からの質問か感想（１～３分）
※「司会が当てて答えてもらう」「前に発表した班が質問か感想を言う」など、各クラスでやり方を決めておく。
・その班に対する感想書き（１～２分）
⑤発表スタート（予定では、13：35～）
・１班あたり５～10分程度。×９班
⑥オトナの方からの「講評・感想」。時間に応じてひと言（２言、３言……）もらってください。（目標14：40前後から）
・時間と人数に応じて、「１人○分ぐらいでお願いします」。
・お客さまのなかに「ＳＮＳの専門家」がおられたら、最後、長めにしゃべってもらってもよい。
⑦各班へ、みんなに書いてもらった感想を配って読みあう。もらった感想は各班へのプレゼント。
⑧司会班終了のあいさつ（15：00を予定。最大15：10）
・司会班の１人は、お客さまを（　　　　　　）までご案内。
・司会班の２人は、イスを返却。（人数足らないときには手伝ってもらう）
・教室原状復帰の指示。

３，役割分担

※これからやっておくこと、当日、だれが何を仕切る（時計係はだれか。お客さまの感想を集める係はだれか。など）、シミュレーションして名前を入れておこう。

<当日まで>
・
・
・

<当日>
・
・
・
・
・

5 ONE POINT解説

・１班４人程度が皆が活躍できてよいが、この場合、発表に２時間程度必要。使用可能時間数に応じて４～６人班とする。
・消費生活センター職員や大学の研究者、SNSを扱う企業の方など、専門家に声をかけると参観に来てくれる場合がある。
（できれば教師ではなく、司会班生徒が直接お願いするのが来ていただくコツ）
全班の「授業」が終わったあと若干の講評をいただくと、専門的見地からいろいろ話していただける。「講演」ではなく、あくまでも「授業参観」なので、専門家から無料で「ひと言」をいただける。（この授業の隠れたネライ）
・経験的に述べると、教師が司会・進行を行うより、司会班が仕切る方が生徒たちのがんばり度が上がる。稚拙かもしれないが、クラスメートが一生懸命に運営しようとする姿をみることで、共にこの場を成功させようという気持ちが生まれるようだ。
・学年全体で同時に取り組む場合は、発表（授業を行う）前の段階で一度、よく似たテーマで発表を行う班をクラスの枠を超えて集め、それぞれ先進的な班の発表を見せると、他班の刺激となる。

○参考文献

・旭LINE同盟＆佐藤功（2015）『先生・保護者のためのLINE教室』学事出版
（※この形態の授業から生まれた書籍）

勉強の合間や通学途中で音楽を聴くことはありませんか？
また好きな絵や雑誌の広告、ポスターなどをみて癒されることはありませんか？
このワークではみなさんの「好きなモノ」と向き合い、「好きなモノになぜ魅かれるのか」を探究していきます。最終課題は、自分たちの選んだ作品をPRする動画の作成です。制限時間は、動画の時間を含めて1班5分です。

（1）【課題設定】作品鑑賞

ワーク1

班で、これから探究していく作品を選ぼう。作品を選んだら、下記の作業に取り組んでいこう。

選んだ作品が絵や彫刻の場合

①右の**memoA欄**に、選んだ作品を模写してみよう。
※あとからこのワークシートをみて作品を思い出せるように描こう。
②作品から見えることや描かれていることを、何でもいいので下の**memoB欄**に記入しよう。 めざせ10個以上！
（例）描かれているもの、色、雰囲気、印象に残ったことばなど

memoA

選んだ作品が音楽の場合

①右の**memoA欄**に、選んだ音楽の歌詞を書き写してみよう。
※できたら全員で一行ずつ順番に読んでいこう。
※歌詞がない場合は、その曲から連想される雰囲気を右の**memoA欄**に10個以上書いてみよう。
（例）水が流れている感じ、楽しそう、暗い
②作品に描かれていることやその他感じたこと、わかることを、何でもいいから下の**memoB欄**に記入。 めざせ10個以上！

memoB

ワーク 2

ワーク 1 をもとに、まずは質問リストを作成しよう。そのとき、下のテーマづくりのルールを守ろう。

テーマづくりをする 4 つのルール
①できるだけたくさんの質問をしてみる。
②質問を発言のとおりに書き出す。
③質問について話し合ったり、評価したり、答えたりしない。
④意見や主張は疑問文になおしてみる。

(※) ダン・ロスステイン/ルース・サンタナ『たった一つを変えるだけ』(新評論社) より引用

できるだけたくさんの質問を出していこう！！　めざせ、10個以上！

ワーク 3

ワーク 2 で出た質問を「閉じた質問」と「開いた質問」に分けていこう。

開いた質問が 3 個以上、出なかった場合は、もう一度 ワーク 2 を繰り返してみよう。

閉じた質問	開いた質問
※「はい」か「いいえ」で答えられる質問、あるいはひとつの単語で答えられる質問を「**閉じた質問**」という。	「はい」か「いいえ」で答えられない質問、説明を必要とする質問を「**開いた質問**」という。
	めざせ、3 個以上！

ワーク4

ワーク3 の質問の中からこの班で探究プロジェクトを計画することに対し、最もおもろしろそうな3つの開いた質問を選ぼう。質問選びは以下の手順でチャレンジしてみよう。

1．リスト全体を眺め、どれを選ぶことがいいのかを話し合う。

2．優先順位の高い3つの質問について、それを選んだ理由を説明する。

（※優先順位を決める際になるポイントは3つ。
・興味を持っているかどうか　・時間的に間に合うか　・他の人が調べていないか）

3．全員の合意を得る。（例、全員の意見をまとめる、投票など）

この班が選んだ3つの質問
質問：
この質問を選んだ理由：
質問：
この質問を選んだ理由：
質問：
この質問を選んだ理由：

4．クラス全体に各班で選んだ3つの質問とそれらを選んだ理由を紹介し合います。

ワーク5 ワーク4 で選んだ3つの質問を皆で確認して、1つの質問に絞ってみよう。
その1つの質問が、今回の**テーマ（この班が選んだ「問い」）**です。

＿＿＿＿＿＿＿＿班のテーマ

（2）【情報収集/整理・分析】

ワーク6

テーマ設定が完了しました。いよいよ、ここから分析・調査です。

分析・調査のヒント
①選んだ作品が生まれたきっかけに着目しよう。
（作者が自分から描いた？誰かが依頼した？ この作品が描かれたときに起こった事件 など）
②絵や彫刻の場合は、この作品を今、だれが所有しているのかに着目しよう。

分析・調査をするにあたって出てきた小さな問いも記録していこう。

質問①　　答え

質問②　　答え

質問③　　答え

質問④　　答え

質問⑤　　答え

メモ欄（自由に使ってOK！）

（3）【まとめ・表現】PR動画作成

ワーク7

さあ、ここから最終課題にとりかかろう。最終課題のPR動画を作成する際に注意するポイントが5点ある。ポイントに注意しながら動画を作成しよう。

① 発表時間は、動画の時間を含めて1班5分。
② 作品紹介をするリーフレットもA4判1枚で作成すること。
③ 誰にPRするのかを明確にすること。
例、クラスメイトへ　先生へ　など
④ 選んだ作品と選んだ作品が作られたときの時代背景がどのように関連しているか、を内容に入れよう。
⑤ この作品をなぜ好きなのか、何がオススメポイントなのかをはっきり示そう。

〈例〉

班名
班員の名前
タイトル
○○○へ
オススメポイント
など

1．まずは、下の絵コンテに動画の撮影計画を書き込んでみよう。

番号	画面/絵	内容/せりふ	時間

2．絵コンテができたら実際に動画を撮影してみよう。

動画撮影のヒント

・スマホの動画撮影の機能で撮影可能！　・動画編集アプリを利用してもOK。
・写真(静止画)を組み合わせてもOK。

ワーク8

最後の時間は、各班の発表の時間です。
発表時間は、5分以内に収まっていますか?作品紹介をするリーフレットは完成していますか?
この発表に参加する人たちへ、自分たちの選んだ作品をPRしよう。

Ⅱ 「アート」から始めよう 動画をつくる 指導書編

1 このワークのねらい

今、世界ではアートを取り巻く話題が豊富だ。

国内では、あいちトリエンナーレ2019をめぐる「表現の自由」、海外では現代アート作品の高騰が続き、2019年５月にはアメリカの作家が製作した「ウサギの彫刻」が存命作家史上最高額の100億円で落札された等のニュースは記憶に新しい。

また、展覧会の来場者数は最も入場者数が多いもので68万人を超えており、アートは現在も人びとの心をとらえる何かを持ち続けているのだろう。

今回は、「鑑賞」をより深めるイメージでアートをテーマにした探究活動ができないかと考え、シートを作成した。したがって、ワークシートでは絵画や彫刻を想定して作成したものの、写真・音楽・書道などでも併用できる構成となっている。

このシートでは主に課題設定からテーマ（質問）を決めるところに重点を置いており、最も時間を割くような構成になっている。これをきっかけに、生徒の「絵が好き」「歌が好き」といった何かを「好き」なことから、「探究」に昇華できるものとしたい。

2 ワークシート空欄解答

ワーク１（第１時）

静止画の場合、何を課題にするのかが一番悩ましいことだと思う。

題材として望ましいのは生徒の質問をより引き出す作品だと考える。例えば、物が多い絵や登場人物が多い作品などは、生徒の興味、関心を引き出しやすい題材ではないだろうか。

また、報道写真（図１）などは、現在を取り巻く社会へと関心をより繋ぎやすい題材である。

図１　メルボルンでの街頭デモの様子（筆者撮影）

以下、課題となりそうな静止画の教材の探し方を掲載する。

1．絵画・彫刻・写真の場合

①インターネットを使用しない場合

世界史資料集 / 日本史資料集 / 美術の教科書など生徒が既に所持しているものの中から選ぶのが望ましい。

②インターネットを使用する場合

美術館のサイトの多くが、インターネットで所蔵作品を閲覧できるようになっている。

下記は代表的なものを挙げてみた。

・国立西洋美術館　http://collection.nmwa.go.jp/artizeweb/search_5_area.do
所蔵作品が閲覧できる。

・古典籍資料（貴重書等）（国立国会図書館デジタルコレクション）http://dl.ndl.go.jp/
国立国会図書館が所有するデータが閲覧できる。

・文化遺産オンライン http://bunka.nii.ac.jp/
文化庁管轄下にあるものが閲覧できる。

・第一次世界大戦期プロパガンダ・ポスター 益田コレクション
http://www.l.u-tokyo.ac.jp/digitalarchive/collection/poster.html
時代は偏るが数多くのコレクションを無料で閲覧できる。

・メトロポリタン美術館　https://www.metmuseum.org/art/collection
英語のサイトなので、ハードルが高いが、多くの作品を無料で閲覧することができる。

ワーク２

ワーク２は、テーマ設定の第一歩となる箇所なので、題材はたくさんあればあるほどよい。どんな単純な質問でも構わないので、たくさん質問を出していくように生徒に声をかけたい。

例

できるだけたくさんの質問を出していこう!!
・ここはどこだろう？
・この人たちは何をしているのだろう？
・写真に写っている人が持っているものには何と書かれている？
・どうしてこの人たちは集まっているのだろう？

ワーク３ 上記の例に挙げた質問を分類すると下記のようになる。
開いた質問の数が少ない場合は、もう一度 ワーク２ をやり直すように声をかける。

閉じた質問	開いた質問
「はい」か「いいえ」で答えられる質問 あるいはひとつの単語で答えられる質問	「はい」か「いいえ」で答えられない質問 説明を必要とする質問
・ここはどこだろう？ ・写っている人が持っているものには何と書かれているのだろう？	・この人たちは何をしているのだろう？ ・どうしてこの人たちは集まっているのだろう？

（第２時）
ワーク４ ワーク５ はなるべく時間を短縮し、ワーク６ と ワーク７ の時間を確保する。

３ 展開例

（１）【課題設定】

１．第１時

ワーク１（所要時間：20分）

静止画の場合は、模写することによって、音楽の場合は、歌詞を書き、音読していくことで、生徒が課題に向き合う時間を確保する。生徒によっては個人差が出てくるので、時間がかかっている生徒には声かけをするなどして時間配分に気を付ける。静止画の場合、どれぐらいの正確さがあればいいのかと生徒は聞くと思うので、その際、「実物を見なくても絵（写真）を思い出せる程度」に描くようにと指示する。

ワーク２（所要時間：20分）

質問づくりのルールは、ダン・ロススティン／ルース・サンタナ（吉田新一郎訳）『たった一つを変えるだけ：クラスも教師も自立する「質問づくり」』（新評論社）から引用した。

このワークではできるかぎり疑問に思ったことを質問していくことがポイントである。単純に疑問に思ったことや、文字の場合はどういう意味なのか、といった質問がよい。（例、なぜ、りんごが描かれているのか。なぜ３人の人物が描かれているのか。時計の時間の意味は？この歌詞の〇〇の部分の意味は？など）

ここで質問を多く出さなければ、ワーク３ や ワーク４ で質問を仕分けし、選ぶときに困難となるので、時間をしっかり割きたい。

ワーク３（所要時間：10分）

ワーク２ の質問を開いた質問と閉じた質問に仕分けをする。

2．第2時

ワーク4

前時に出た「開いた質問」の中から、班のテーマとなる質問を選ぶ。もし、生徒にどのような質問を選べばよいか聞かれた場合は、以下のことに留意するよう答えたい。

・時間的に間に合うか

（能力的・金銭的・時間的に無理そうなものは避ける）

・他の人が調べていないか

※他の人が調べていないかどうかをチェックする方法

① Google などの検索エンジンで疑問文をそのまま入力する。

②上位10件に疑問文そのものが検索されていなければ、他の人が調べていないと考えてよい。

・この質問がそのまま PR 動画のタイトルになる可能性がある

（私たちの行っている普段の授業も問いづくりからはじまっている）

ワーク5

この狙いは、全体で共有することで、他班の問いと自班の問いを比較でき、ワーク5の作業の参考にすることである。したがって、かける時間は短時間で構わない。

クラスで共有する方法はいくつかあるが、最も道具がいらない方法は、黒板に各班のスペースをつくり、そこに選んだ問いを班員が板書することだろう。また、画用紙や模造紙（A3程度の用紙）、ペン・マグネットを用意し、班で考えた3つの問いをそれらに書きこみ発表する方法もある。

（2）【情報収集 / 整理・分析】

ワーク6

班員で手分けして調査をするよう促す。しかし、テーマが決定したとしてもどこから調べてよいか分からない班も出てくるかもしれない。そのときのために、ワークシートには調査する際に出てくる質問を書く欄を用意している。

以下は、調査の際のお役立ちサイトである。

・アートだけでなく他の分野を調査するときにも役立つ。

大阪市立図書館　調べ方ガイド　https://www.oml.city.osaka.lg.jp/?page_id=493

・アートの値段などは落札結果から調べることができる。

各オークションサイトを閲覧するとよいだろう。

毎日オークション　開催日程・落札結果　https://www.my-auction.co.jp/schedule/

SBI アートオークション　https://www.sbiartauction.co.jp/

・映画「アートのお値段」（2019.8日本公開）も参考になるかもしれない。

出典：日本図書館協会図書館利用教育委員会 / 図書館利用教育ハンドブック学校図書館（高等学校）版作業部会（2015）『問いをつくるスパイラル』公益社団法人日本図書館協会 p.53

（3）【まとめ・表現】

ワーク7

班で動画の撮影計画を作成する。まずはワークシートの絵コンテ（4コマで足りなければ、その都度コピーする）を完成させてから、実際に動画撮影をするようにするとよい。

ちなみに、動画作成は、スマートフォンでアプリなどを使えば簡単にできるが、 ただし、編集作業に時間がかかるため、授業時間内では動画撮影が足りない場合があるだろう。その場合、生徒の様子や雰囲気をみて、時間配分を考えたい。生徒たちが、課題を放課後などの時間を使用して完成させられる雰囲気の学校であれば宿題にしてもよいし、逆に宿題にするのが困難な場合は、第4時をすべて撮影にあて、第5時・第6時を確保して授業時間内に全て終了できるように調整したい。

ワーク8

発表の際にまず確認しなければならないのが、動画を流すことができるかどうかである。

多くの学校の場合、プロジェクターにPCかスマートフォンをつないで投影する方法が最も一般的であろう。

もしスマートフォンから直接プロジェクターに投影できる機器が揃っている場合、生徒には班で代表して誰のスマートフォンから動画を流すのか、誰が話すのか等を決めるよう指示する。また、発表時間の大まかな流れを説明し、発表のイメージを持たせるようにする。

4 補助資料

なし

5 ONE POINT解説

参考文献、URLを以下にあげる。

・ダン・ロスステイン，ルース・サンタナ（2015）『たった一つを変えるだけ：クラスも教師も自立する「質問づくり」』新評論社

・フィリップ・ヤノウィン（京都造形芸術大学アートコミュニケーション研究センター訳）（2015）『学力をのばす美術鑑賞 ヴィジュアル・シンキング・ストラテジーズ：どこからそう思う？』淡交社

・日本図書館協会図書館利用教育委員会図書館編（2011）『問いをつくるスパイラル一考えることから探究学習をはじめよう』日本図書館協会

・岡崎大輔（2018）『なぜ、世界のエリートはどんなに忙しくても美術館に行くのか？』SBクリエイティブ

・岡山県立美術館　https://okayama-kenbi.info/school-2/

Ⅲ 「1枚の写真」から始めよう バイバイ プラスチック

ワークシート編

（1）【課題設定】フォトランゲージ

（shutterstock.com）

●この写真をみて、気づいたことをどんどん挙げていこう。

写真をみてわかったことを出し合うワークを「フォトランゲージ」と言います。

●では次に、「トライアングル・ディスカッション」をやってみよう。

◎トライアングル・ディスカッションとは、

① ある論題について、自分は**肯定**、**否定**、**わからない**のどの立場に立つのかを考え、教室内のそれぞれに指定された位置に立つ。
② **肯定**、**否定**の各立場の生徒は、それぞれ3分ずつ意見を自由に述べる。相手の立場および**わからない**の立場に立つ生徒に対し、自説を立論、説明する。そのとき、相手の発言に納得した場合は、その場で**肯定**、**否定**間で移動してもよい。
③ **わからない**の生徒は、**肯定**、**否定**の意見を聞き、自分の見解が**肯定**、あるいは**否定**が正しいと思えるようになれば、立場（場所）を移動してゆく。
④ この時点でも**わからない**の生徒は、**肯定**、**否定**に逆質問をして、自分の考えを決める努力をする。それでも**わからない**場合は動かなくてもよいが、思考停止にならないようにがんばる。

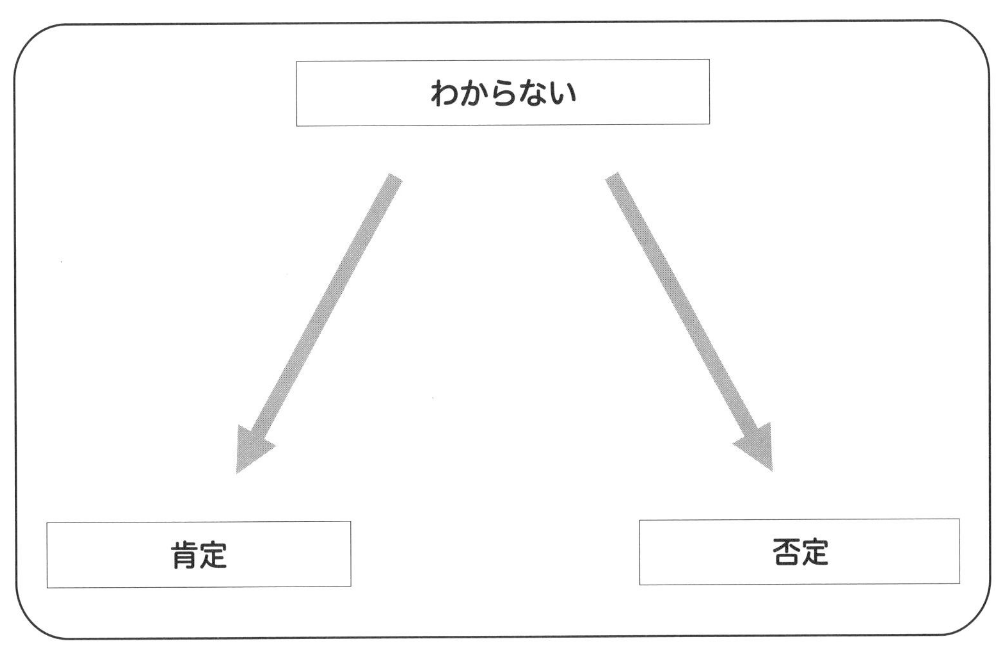

●今日の論題は、

「プラスチックの使用量を５年間で半減すべし」

トライアングル・ディスカッションをやってみよう

（1）**「プラスチックの使用量を５年間で半減すべし」**について、あなたは、

（　肯定・否定・わからない　）

その理由を書いてみよう

（　　　　　　　　　　　　　　　　　　　　　　　）

（2）**肯定、否定、わからない**ごとに、教室の３つのゾーンに分かれて座ろう。

（3）**肯定、否定、わからない**、各チームごとに、話し合って考えてみよう。

○**肯定チーム、否定チーム**は、自分たちのディスカッションを進めるにあたって、みんなに伝えたい（とりわけ、**わからない**立場の人を説得する）ことをまとめてみよう。

○**わからない**を選んだ人は、なぜ判断ができないか、ここが解決すれば肯定否定の判断ができるという質問を考えてみよう。

・＿＿＿＿＿＿＿＿＿＿＿＿＿＿＿＿＿＿＿＿＿＿＿＿＿＿＿＿

＿＿＿＿＿＿＿＿＿＿＿＿＿＿＿＿＿＿＿＿＿＿＿＿＿＿＿＿＿

・＿＿＿＿＿＿＿＿＿＿＿＿＿＿＿＿＿＿＿＿＿＿＿＿＿＿＿＿

＿＿＿＿＿＿＿＿＿＿＿＿＿＿＿＿＿＿＿＿＿＿＿＿＿＿＿＿＿

・＿＿＿＿＿＿＿＿＿＿＿＿＿＿＿＿＿＿＿＿＿＿＿＿＿＿＿＿

＿＿＿＿＿＿＿＿＿＿＿＿＿＿＿＿＿＿＿＿＿＿＿＿＿＿＿＿＿

（4）さあ、トライアングル・ディスカッションをやってみよう。

①**肯定**チームの主張をきく。

②**否定**チームの主張をきく。

③**わからない**チームからそれぞれへの質問

<ディスカッション　メモ>

肯定の論拠

否定の論拠

応答メモ

（5）さあ、トライアングル・ディスカッションをやってみよう。

肯定、否定それぞれの論拠をきいて、**わからない**チームの人は、納得したほうへ移動を行う。（**肯定、否定**チームの人が相手の論をきいて移動することも可）

（6）「トライアングル・ディスカッション」を行って、わかったこと、感じたことを書こう。

（2）【情報収集/整理・分析】ネット検索、ワールドカフェ

●脱プラスチック問題を調べる

1班5人程度のグループを作って作業します。

（1）プラスチックの使用量をどうしたら減らしていけるか。インターネットで調べながら、アイディアを付せん紙に、各自でたくさん書いてみよう。

（2）つくった付せん紙を、

A：リデュース（極力使用しない。代わりのものを使用する）

B：リサイクル・リユース（再利用する）

C：その他の方法（分解されるプラスチックを発明する、等）

の3つに分けてみよう。

（3）つくった付せん紙を模造紙に貼っていこう。その際、それができるのは、「地域（生活圏）、日本、世界」のどこでできるのか、グループで相談しながら、付せん紙を移動し貼ったり書き込んだりしていこう。

模造紙例

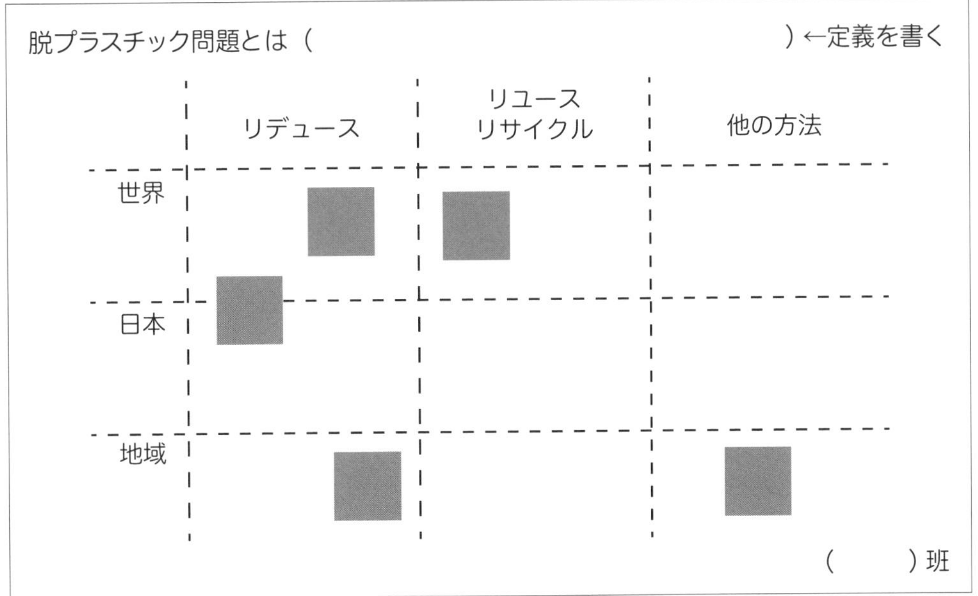

◎私たちの班のアイディア（メモ）

・脱プラスチック問題とは（定義）

A：リデュース（極力使用しない、代わりのものを使用する）

1 地域（生活圏）

2 日本

3 世界

B：リサイクル、リユース（再利用する）

1 地域（生活圏）

2 日本

3 世界

C：その他の方法

1 地域（生活圏）

2 日本

3 世界

※各領域で減らす方法を確認する。埋まらない領域は社会的に遅れているところと考察する。

脱プラスチック問題について前回つくった模造紙を、ワールドカフェの用法で、さらにバージョンアップさせよう。

◎ワールドカフェとは

相互理解をはかり、楽しく、いつもとちがった空間を演出する。
そのわかち合いのために行うグループワークの１手法です。

① １人もしくは、２人の生徒をグループの場に残して説明担当にする。説明担当は、その場の成果物（多くは模造紙に書いたもの）を説明報告する。
② 他の生徒は、質問担当として違うグループに行き、そのグループの人から説明報告を受け、いくつか質問を行ってくる。グループを巡回しながら、説明報告を受け、報告と質問の答えをメモして回る。
③ ②の質問担当が最初のグループに戻り、見聞きしてきたことを、メモを活用してグループ内でわかち合う。また、①の説明担当は、他班の人から質問されたことをわかち合う。
④ ①②の説明担当、質問担当を交代し、さらに深めてゆく。

○ここでは、ワールドカフェの用法と「いいねシール」を使って深めてみよう。

（１）グループの説明担当は、他のグループの質問担当生徒に３分で説明し、質問を受け、答える。

（２）質問担当生徒は、１人５枚ずつ「いいねシール」を持ち、自分以外のグループの説明を聞きに行く。説明、質疑応答を聞き、大事だと思った箇所に「いいねシール」を、最大５枚まで貼りにゆく。自分のグループには貼れない。３ターン（３つの自班以外のグループ）の説明を聞いてまわる。

（いいねシール）

<メモ欄>　※やりとりのなかで、大切だと思ったところをメモ。

（３）自分の班にもどり、自分の班で「いいね」をたくさんもらった（評価のよかった）ものと、他のグループでよかったものを、グループ全体で確認し、自分たちの発表をさらに練り上げよう。

<ここがよかった　メモ>

(３)【まとめ・表現】意見表明文づくり、プレゼンテーション

●脱プラスチック問題を提言にまとめる

脱プラスチック問題をどうしたら解決できるだろうか
① 自分たちへ　②学校へ　③企業へ　④日本へ　⑤世界へ
表明する対象をはっきりさせて、意見表明文をグループでつくってみよう。
↓
参加メンバーで発表をシェアする。
(《使用するもの》 模造紙 or パワーポイント or グーグルフォーム or ネット掲示板)

Ⅲ「1枚の写真」から始めよう
意見表明文をつくる
指導書編

1 このワークのねらい

脱プラスチック問題をどうしたら解決できるかを考え、情報を収集し、グループワークや議論を行うなかで、アイディアを出し合う。地域、日本、国際社会でどのようなことを取り組むべきかを検討し提言を行う。

2 ワークシート空欄解答

生徒たちから出た意見の例は、「3 展開例」を参照。

3 展開例

（1）【課題設定】

今回は教員主導で課題設定を行った。トライアングル・ディスカッションで論点を明確にし、社会的な課題の設定を確認した。一番よいテーマは、生徒の身近でありながら社会との接点を持ち、未来社会の主人公としての生徒が、その課題に立ち向かえるもの。やがては、有意義なテーマを生徒自身が発見できるようになりたい。

○第１時

●フォトランゲージ

フォトランゲージでは、写真をみて、そこからわかることを自由に議論する。

この写真からわかることとして、

・亀さんかわいそう　捕まっているの？
・この網ってもしかして、捨てられたり、海に流れたものかも
・亀さん、このままでは死んじゃうかも
・このネットは何製なんだろうか

など、さまざまな意見が出てきた。

●トライアングル・ディスカッション

トラインゲル・ディスカッションは、あるテーマについて、肯定、否定、わからないの3つの立場を設定して相互討論を行うものである。いわゆる「ディベート」とは違い、3つの立場は、生徒の意見表明を大切にする。肯定・否定の役割（ロール）は、論点を明確にしながら、持論（自論）を展開し、反対意見の側（肯定、否定）と、わからない側を説得する。

わからないの立場は、何がわからないのか、何がわかったら肯定か否定の側に移れるのかの問いを双方、あるいは、片方の側に投げかける。それを通じて議論を深めてゆく。

最終的に、肯定・否定にわからない派が移ってゆくのが望ましいが、無理に生徒を移動させることはしない。

42ページで生徒から出てきた声（例）

「プラスチックの使用量を5年間で半減すべし」

（今回のトライアングル・ディスカションの論題）

肯定

・海洋プラスチックの問題は生態系に大きな影響を与える。
・カメがかわいそうだ。
・5年くらいで、他の代替品をみつけないと海の生物量にプラごみの量が追いついてしまう。

否定

・プラスチックは生活に大きく影響するので簡単に解決できない。
・5年では無理。
・代替品は高くて、物価を上げてしまう。

わからない

・リサイクルすればうまくゆくのでは。
・そもそもポイ捨てすることがいけない
・なぜ、多くの回収プラスチックが、リサイクルでなく燃やされているかわからない。

43ページで生徒から出てきた応答の声（例）

・プラスチックは生活に大きく影響するので簡単に解決できない。
・代替品の開発が進んでいるし、エコバック、マイボトルを持ち歩けばよい。
・プラスチックの量が多く、リサイクルに回しきれないものを燃やして減らすしかない。
・経済コストより、リサイクル、リユースに力を入れる個人や企業に補助金を国が出せばよいのでは。

（2）【情報収集 / 整理・分析】

情報は、ネットで検索することが多く、図書館で文献分析をすることは少なくなってきている。特に時事的な課題は、サーチエンジンで、政府、マスコミ、NGO、大学教授のHPなどを参考にし、出典を明記させる。できれば複数のメディアで検索をし、比較検討することの必要性を、メディアリテラシーとして伝えたい。また、その情報は日本のみでなく、海外の政府やメディア、政府だけでなく民間団体や NPO・NGO（特に政府に批判的な立場の団体）のものからも集めると、より多面的多角的な判断を行うことができる。

複数の情報を整理し、矛盾する情報はその内容を吟味する。さらに、ワークの課題を実現するために、必要な情報を配列する。

情報を比較して、メリット・デメリットを課題に即して分析させたい。このような情報リテラシーを習慣化すると、リサーチ力として、一生もののスキルが身についてくる。探究学習の醍醐味であり大事な点でもある。

○第 2 時

適宜必要に応じて、教員からの解説や補強を行う。

参考パワーポイントを《学事出版 HP 書籍総覧の本書「詳細」》に付けた。背景（問題内容、先進国の対応と日本の対応）などの解説に使用していただきたい。「せやろがいおじさん」等の YouTube 動画も効果的である。

その後、生徒各自でネット検索を行う。

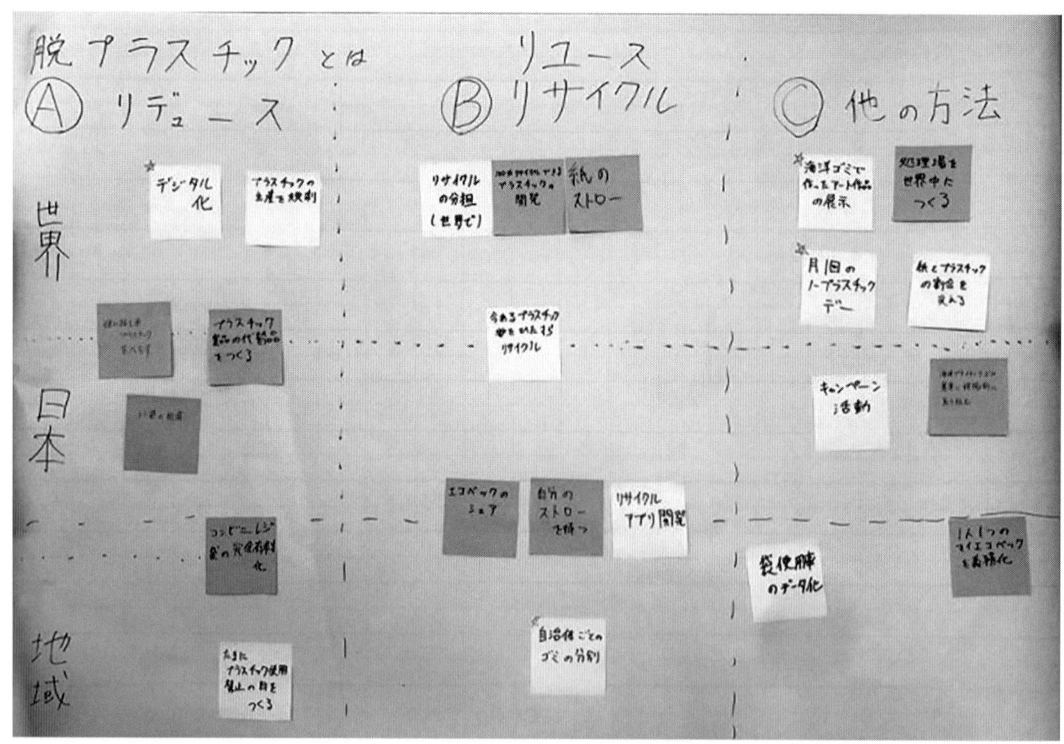

（立命館宇治高等学校　2019年度生徒作品より）

○第 3 時　ワールドカフェ

「ワールドカフェ」はワークショップ形式で、相互理解をはかり、楽しく、いつもと違った空間を演出する開発教育の手法である。

（その方法については、46ページの生徒向けワークシートにて解説）

学級に学習集団を作り、それぞれの課題をグループに与え、ワークとそのわかち合いによって考えを練り上げていく。「いいねシール」は、生徒が仲間に対して、賞賛を込めて決められた数のシールを貼ってゆくもので、シール状のかわいいものを用意すると楽しめる。もちろん市販のシールを準備してもよい。

「ワールドカフェ」とよく似たものに、「ポスターセッション」がある。学会・研究会の研究発表の方法で、発表をきいたあと少人数で正確、精緻に議論する。壁新聞にしてもよい。「ワールドカフェ」が「情報収集 / 整理・分析」の一法として考えの練り上げに使えるのに対し、「ポスターセッション」は「まとめ・表現」の一法である（66ページ参照）。

模造紙やパワーポイントでつくったポスターは、学習のまとめとして論理的にまとめる。原因と結果、課題と解決策、メリットとデメリットなどを展開し、テーマについての研究報告や、社会的、個人的な解決策について発表する。個人で発表する場合とグループで集団発表をする場合があり、オーディエンス（報告を聴きにきた人）から質問や講評もらう。

審査が入るときと入らないときがあるが、審査も教員による評価、生徒による評価、どちらも評価する場合などさまざまである。

（3）【まとめ・表現】

○第４時　意見表明文作成

今回は、各班で意見表明文を作成することで「まとめ」とした。

表現方法は多様に考えられ、プレゼンテーションでは、パワーポイントを使ってわかりやすく表現することができ、ポスターセッションは、学術的な説明や少人数での議論に向いている。また、フォトランゲージやロールプレイ（役割を振って演じる）などのワークショップ形式での発表ができると、わかりやすく生徒の参加を保証できる。ただ、ファシリテーター（この企画の推進、司会役）の生徒は準備が大変なので、手法を伝え助言が必要である。

次ページは第４時の各班プレゼンテーションに使用したワークシート。必要枚数（生徒数×グループ数）を印刷し準備しておく。各生徒は、それぞれコメントを書き込み、発表したグループへ切り取って渡す。

仲間評価

チーム（　　　　　　　　　　　　　　　　　　　　）へ

名前（　　　　　　　　　　　　　　）

1 このグループの発表への考察、感想

2 このグループの発表で良いと思った点

きりとり

＜発表メモ＞　チーム（　　　　　　　　　　　　　　　　　　　　）

3 自分たちの探究を深める上で参考になった点（※この部分は自分たちが保存する）

4 補助資料

付録のパワーポイント資料は、課題設定時、この問題を生徒がまったく知らないときに使える。《学事出版 HP「書籍総覧」の本書「詳細」からダウンロード。パスワード tankyu_photo》

2018年の国際的議論の到達点である『海洋プラスチック憲章』も、教員がこのワークをする前に読んでおくと授業に役立つ。

また、授業後、ポートフォリオによる評価を行った際の、生徒自身や教員が評価するときの基準例を以下にあげる。

・脱プラスチック問題をよく探究できたか（全体の取り組み、学びのスキル）

【関心もってできなかった　とりあえず調べた　ネットだけで調べた　文献・インタビューを行った】

・脱プラスチック問題の知識は深まったか（知識理解）

【よくわからなかった　マイクロプラスチックがわかった　プラスチック流出の海での課題がわかった　なぜレジ袋が有料になるかわかった】

・脱プラスチック問題の解決策を理解したか（社会形成力、市民性）

【よくわからなかった　国や企業が行なえばよい　自分の努力（実践）が大切だとわかった　自分も国際社会も日本も取り組まないといけない課題とわかった】

5 ONE POINT解説

プラスチックの問題は、脱石油（化石燃料）をして、再生可能エネルギーへの転換が図れるのかという点が課題である。プラスチックの大量廃棄は、生態系への問題を起こしている。SDGs(※) 的な課題の典型例であり、私たちの生活が持続可能かどうかが問われている。

一方、プラスチックで生計を立ててきた商店主や供給者にとっては死活問題でもある。そうすると、経済と環境は対立するように見える。

しかし、その両立を図るのが第一に環境政策である。環境問題には、法的規制（国際協定、国内法）、経済的手段（補助金と課徴金）がある。第二に個人の倫理観（エシックコンシューマー、グリーンコンシューマー）というライフスタイルに変更をもたらすことである。

このような社会的な変化――答えの用意されていないもの――に対し、生徒がグループワークによって一市民として取り組む「探究」は、主権者教育、シティズンシップ教育としても大事な学習となりうる。

この授業は、総合的な探究の時間だけでなく、公民科の「公共」（現代社会）「政治経済」「倫理」、家庭科の「家庭総合」「家庭基礎」での授業としても活用可能である。

（※）SDGsとは、国連が決めた持続可能な社会への目標で、2030年に向けて17のゴールが設定されている。

6 発展

この調査探究活動をする際に時間的余裕がある場合や夏休み等の長期休暇をはさめる場合は、専門家（NGO 関係者、大学研究所関係、学生団体 BBPB）へのインタビューを試みるのもよい。

このような探究学習の成果は、
①事実の確認から
②社会（企業）とつながりを見つけ
③発表と社会的なアピールを伴った
問題解決型学習として組むことが可能である。

具体例として、付録にパワーポイントスライドを提示する。

○生徒の「授業考察文」（立命館宇治高等学校生徒作品より）

（A）

私たちは普段、大量のプラスチックを使用し生活している。

中でも、プラスチックを海に捨ててしまい海洋プラスチックゴミ問題が発生している。そのごみの中には、私たちが節約すれば出なかったものも含まれる。ゴミ全体の量は推定で約２～６万トンとされている。2050年には99％の魚がプラスチックを摂取することとなり、生物濃縮によって私たちの体内にも入り、その量は毎週クレジットカード１枚になる。

プラスチックを完全にリサイクルはできておらず、節約しないと気候変動や健康被害が出てしまう。それをなくすためにも、私たちにできることはプラスチックを代用できるものは代用し、できないものは長く使ったり、何回も使ったりして買う回数、捨てる回数を減らしていかないといけない。現在は、レジ袋が有料化になり人々の目はプラスチック問題に向いていると思う。そこで、もう一つレジ袋の有料化以外に海洋プラスチック問題解決につながるアクションを起こせば、プラスチックの消費量が減ると思う。

（B）

私たちが廃棄したプラスチックが海に流出することで魚や鳥などの海洋生物に悪影響を及ぼしている。また、そのプラスチックが分解された粒（マイクロプラスチック）をプランクトンが食べ、さらにそれらの生物を魚が食べているとすれば、私たちが普段食べている魚にもプラスチックが含まれていることになる。つまり、私たちがプラスチックごみを捨てることで実は人間への悪影響を自らで促しているということである。

もしこの状態が続けば、2050年までに海の魚の総量よりもプラスチックの総量が上回るという現状にある。この問題を解決するために私たちや国がすべきことは山のようにあると思う。

まず私たちは、なるべく日常生活の中でプラスチックを出さない工夫が必要である。例えば、必ず買い物に行く際はエコバックをもって行く、食品ラップのプラスチックごみを減らすために食べ物を残さず食べきるなどの小さい行動意識が地球環境を改善する。各国では高校生が開発した「オーシャン・クリーンアップ」を実用化していくべきであると考える。自然の力を利用して海洋ごみを回収する装置を広める必要がある。

このように、海洋ごみを減らす対策は一人ひとりが意識して取り組まなければならない時代になってきている。

Ⅳ 「先輩の声」から始めよう 進路ガイダンスを「つくろう」

ワークシート編

大学・短大・専門学校から講師を招き、学部・学科の詳しい内容などについてのガイダンスを行おう。生徒の希望調査に合わせて、クラスを解体し、各々が希望の講座を受講します。

受身となって講義を聴く形式ではない。ガイダンスへの意欲を高め、より具体的に知りたい情報を得て、考えを深めるため、企画・運営も生徒みんなでがんばろう。

◇目的

・自分たちで役割を分担し、説明会を企画・運営するノウハウを経験する。

・生徒主体の説明会にすることで、積極的に取り組み、進路希望先や科目選択の決定に向けての一歩とする。

・自ら企画・運営することでコミュニケーション力を育み、進路実現へつなげる。

(1)【課題設定】作文・感想文

ただ受身で聞くのではなく、みなさんに企画・運営をしてもらいます。進路希望先や科目選択の決定に向けて、自分たちが学びたいこと、知りたいことを明確にし、主体的なガイダンスにしましょう。

◇まずは、かつて進路ガイダンスを「つくった」、先輩たちの声をどうぞ。

> 記録係になって大変かなと最初思ったのですが、話を聞いてそれをまとめていくうちに楽しいと感じられるようになっていました。先生たちが準備するのではなく自分たちで考え行動する今回の取り組みは良かったと感じました。

> 司会とか全部自分たちでやったから、講師の人とも仲良くなれて質問とかしやすくていろいろなことを聞けたり、知ることができた。先生とかいつも普通に司会とかしてるけど、それは簡単なことではないと思った。

ガイダンスに向けて授業時間以外にも昼休みや放課後に準備をしたことで、ガイダンス当日やポスターセッションをスムーズに進められることができたと思います。自分たちで企画し、質問を考えることで、より具体的に将来をイメージしたり、疑問を解決することができたりした人もいます。各講座の記録シートや模造紙を閲覧することで、新しい視点を発見する人もいました。

まずは個人で考えてみよう

■進路ガイダンスで学びたいこと、知りたいこと〈テーマを考える〉

■進路ガイダンスで呼びたい講師・進学先〈中身を考える〉

■講師の先生への質問を５つ〈質問事項を考える〉

・

・

・

・

・

≪自分の考えをまとめるためのキーワード≫

学ぶ内容(仕事内容)　／　施設・設備　／　特色　／　アクセス　／
資格　／　キャリアサポート　／　雰囲気　／　卒業生の進路　／
福利厚生　／　資格サポート　／　中退者(退職者)数
学費　／　入試制度　／　実習内容(留学)　／　その他

グループで企画書を作ろう

■役割分担

総監督[　　　　　　　　　　　　]
司会者[　　　　　　　　　　　　]・司会補助[　　　　　　　　　　　　]
質問係[　　　　　　　　　　　　]・[　　　　　　　　　　　　]
記録係[　　　　　　　　　　　　]・[　　　　　　　　　　　　]
発表係[　　　　　　　　　　　　]・[　　　　　　　　　　　　]
歓送係[　　　　　　　　　　　　]・[　　　　　　　　　　　　]

■進路ガイダンスで学びたいこと、知りたいこと〈テーマを考える〉

■タイムスケジュール〈ガイダンスの中身を考える〉

10分	
20分	
30分	
40分	

■ＨＰや資料からわかることを調べる〈質問事項を考える〉

■講師の先生への質問〈質問事項を考える〉

確認

担当教員

例）タイムスケジュール　モデルプラン

＊参考にしてください

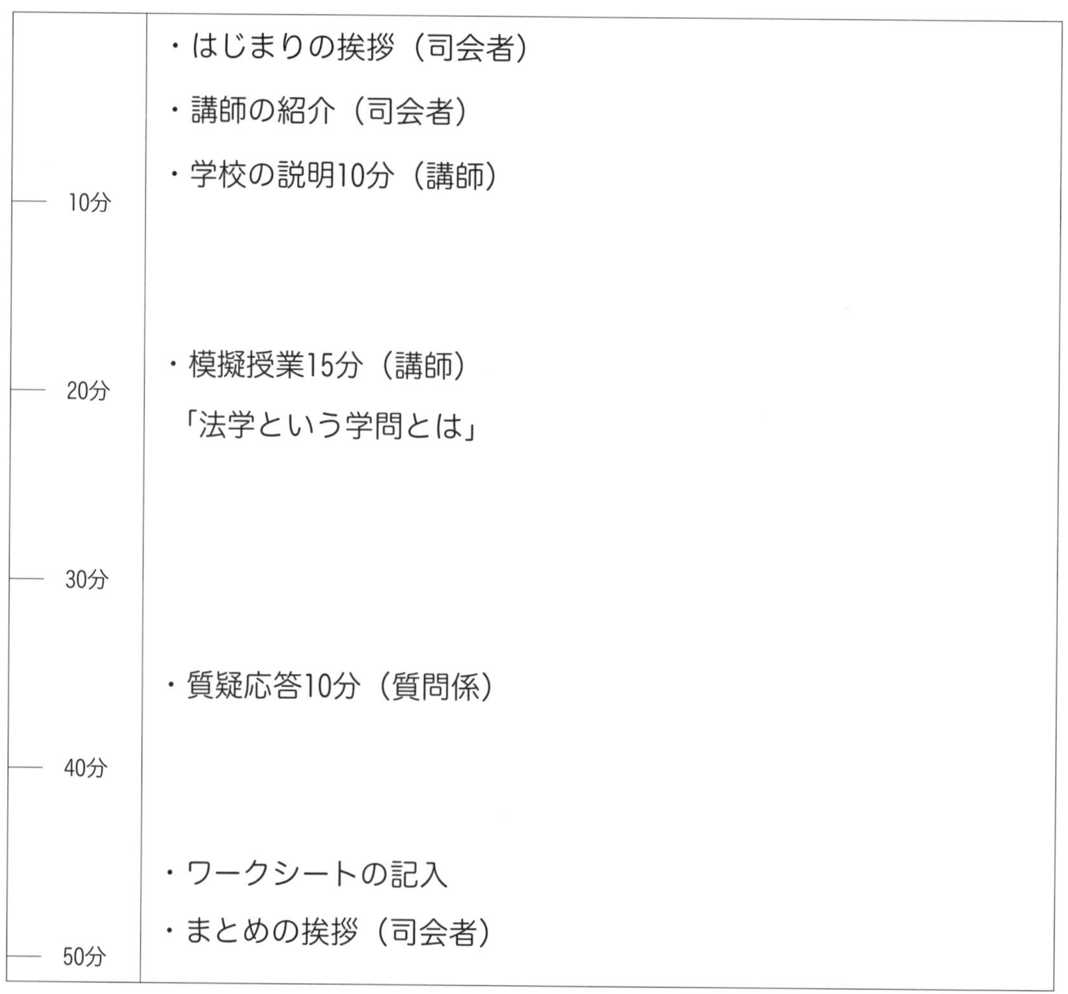

確認してみよう

☑与えられた時間（この例では50分間）の内容量（過不足はないか）になっているか

☑模擬授業や実技体験など、何を依頼するのか

☑質問事項の数や内容は適切かどうか

（3）【まとめ・表現】講座企画：運営、ポスターセッション

ガイダンスを実施してみよう

講　座　名　　　［　　　　　　　　　　　　　　　　］
外部講師の所属　［　　　　　　　　　　　　　　　　］
外部講師のお名前［　　　　　　　　　　　　　　　　］
あなたの役割　　［　　　　　　　　　　　　　　　　］

メモしよう

1．今回の取り組みを自分自身で**5段階**評価し、その理由を答えてください。

【　5　・　4　・　3　・　2　・　1　】

（理由　　　　　　　　　　　　　　　　　　　　　　）

2．あなたが学んだことや考えたこと、またそう思った理由も書きましょう。

3．ガイダンスを受けて、これからあなたが取り組むべきことは何ですか。

（　　　　　　　　　　　　　　　　　　　　　　　　）

ポスターセッションで伝えよう

ポスターセッションとは？

模造紙を壁に貼り出し、その前で他の生徒に学んだことを伝える。他の生徒は自由に移動し、発表を聞き、質問や講評を行い、意見交換する。数分ずつに区切って、数回繰り返しましょう。

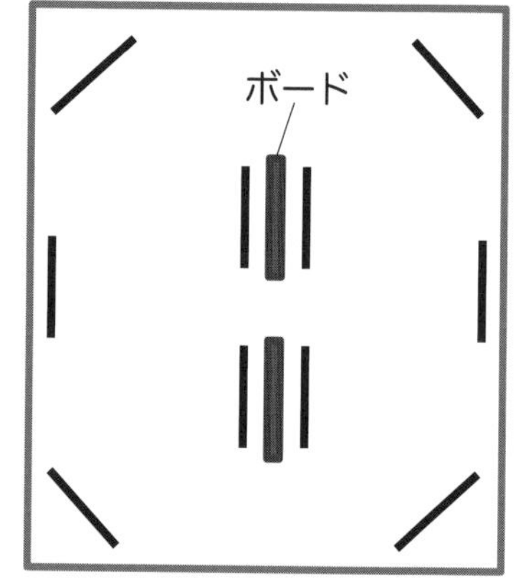

＊教室や体育館によってポスター（模造紙）の数は調整可能　例)10枚の場合

1．記録シートから発表用模造紙を作る

発表用模造紙を作成してください。

ポイントは以下の３点ですが、講座によって形式を変更しても構いません。

○講座の中身（学校・学部の特色など）

○学んだことや共有したいこと

○アクションプラン（これから何するべき？）

2．振り返りの資料となる

みなさんの作った模造紙をもとに全体へシェア(共有)します。

学んだことを「みんなに伝える」ということを意識して作ってください。

3．ポスターセッションを行う

振り返りシート

1．今回の取り組みを自分自身で５段階評価してください。

①事前準備から何を学びたいか考えられた 【 5 ・ 4 ・ 3 ・ 2 ・ 1 】

②当日、講師の先生の話をしっかり聞けた 【 5 ・ 4 ・ 3 ・ 2 ・ 1 】

③係を担当し、主体的に役割を果たした 【 5 ・ 4 ・ 3 ・ 2 ・ 1 】

④ガイダンスの内容を伝えることができた 【 5 ・ 4 ・ 3 ・ 2 ・ 1 】

⑤自分の進路実現に向けて行動をはじめた 【 5 ・ 4 ・ 3 ・ 2 ・ 1 】

2．今回の取り組みを通して、あなたが身につけた力は何ですか。

（　　　　　　　　　　　　　　　　　　　　　　　　　　　）

3．今回の取り組みで得たことを今後どのように活かしていきたいですか。

（　　　　　　　　　　　　　　　　　　　　　　　　　　　）

4．他講座のポスターセッションから、学んだことを書いてください。

5．進路ガイダンス全体を通して、あなたが学んだことや考えたこと、またそう思った理由も含めて、書きましょう。

6．進路実現に向けて、これからあなたが取り組むべきことを**具体的に**述べてください。

「先輩の声」から始めよう 講座とポスターセッションをつくる 指導書編

1 このワークのねらい

大学・短大・専門学校などから講師を招き、「進路ガイダンス」を行う学校が多い。それが学校行事に埋め込まれ、教師がこなす「仕事」となることも多い。生徒自らが進路先や選択科目を考えるきっかけとして、生徒主体のガイダンスを作ろうというのが本取り組みである。生徒の希望調査に合わせて、クラスを解体して、同じテーマごとに集まったグループ（または個人）で、各々が希望の講座を受講する。学年全体で80講座ほどある場合もあるが、学校の体制に応じてアレンジしてほしい。

このワークは、校内だけの実施は難しく、たいていの場合、進路指導部と外部連携している業者が間に入って行うことが多い。校内での生徒のサポートを教員が、校外で大学や専門学校などと交渉することを外部業者が行い、そのパイプ役に担当教員１～２名を配置する方法がやりやすい。パイプ役の教員は、生徒の希望を業者に伝え、講師の依頼をする。具体的には、生徒の作成した企画書（pp.58-59）を送り、実施可能か、必要な施設や準備物は何かなどを業者とやりとりする。本来は生徒自身が業者とやりとりをして講師と企画調整する、もしくは、業者を通さずに、生徒自身が直接、講師とやりとりする方法がより望ましいが、学年全体でこの取り組みを行うことを想定すると煩雑になる可能性もある。クラス単位か学年単位か学校単位か、どの規模でガイダンスで行うかにも大きく影響する。

目安として、【課題設定】を行った１週間後に、【情報収集 / 整理・分析】を行う。その後、企画書を元に外部業者とやりとりし、講師との企画調整などがあるので、２週間は時間を要する。【まとめ・表現】として生徒が運営するガイダンスを行い、その１週間後にポスターセッションで振り返りを行う。

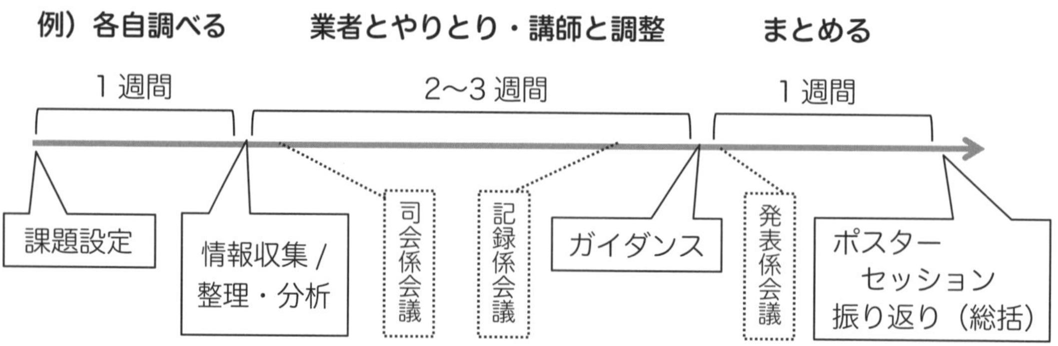

2 ワークシート空欄解答

■ p.57（例）

〈テーマを考える〉　経済学部と経営学部の違い、就職面接で大切なこと、○○専門学校の卒業後、保育士になるために学ぶべきこと、など

〈中身を考える〉　○○大学の○○学部、△△専門学校の講師、○○系の就職面接をしている人、広報課じゃない人、など

〈質問事項を考える〉資格の取得率はどのくらいか、実際にその職種に就く人数、参考になる文献は何か、など

3 展開例

(1)【課題設定】

大きなテーマでもいいし、枠を狭めたテーマでも可能。重要なことは、生徒自身が何を知りたいと思っているかを自分自身で考えることである。自分自身の希望の進路としっかり向き合うことで、能動的な取り組みへと促す。ワークシート下段にあるキーワードを参考に、自分の考えを整理するための時間を設定するために、最初は個人ワークで行うことがベター。時間の関係上、同じテーマでグルーピングして協働的に考えを深めることも可能である。また、このキーワードは、オープンキャンパスや事前職場訪問など、実際に現場を訪れるときに、ポイントとなる項目にもなりうる。

(2)【情報収集 / 整理・分析】

大学のパンフレットや HP を見ればわかることを質問したり講話してもらうのはもったいないので、簡単に調べてわかることと、実際にお話を聞かないとわからないことを分析することが重要である。前回の授業時に資料請求をさせておくと、手元にパンフレットなどある状態からワークに取り組める。また、その場でスマホや PC などで調べさせてもよい。

担当教員の役割は、生徒たちが考えた企画が実現可能かどうかアドバイスをすることである。例えば、時間の過不足はないか、依頼している内容が抽象的でないか、質問事項は事前調べでわかる範囲になっていないか、生徒の役割分担は公平であるかなどである。ワークシートの右下に担当教員の確認欄を設けてある。教員は指導をし過ぎることなく、生徒の話し合いにそっと寄り添い、たまに口を挟む程度で、なるべく生徒に任せてほしい。

また、ワークシート冒頭には生徒の役割分担を載せているが、先にタイムスケジュールや質問事項を固めていくための話し合いを行う方法もある。その話し合いの中で、メンバーの特性が現れ、しゃべるのが得意な人やまとめるのがうまい人など適材適所に役割を担うこともできるかもしれない。

生徒の役割分担（p.58）の内容を簡単に示すが、学校の状況に合わせて人数を調整したり、係を増やしても構わない。

・総監督はプロデューサーのようなもので、グループの代表者である。
・司会と司会補助は当日のガイダンスを運営する。
・質問係はみんなの質問をまとめ、優先順位を決めて、当日に講師に質問する。講師の講話を聞きながら、臨機応変にアレンジできるとベター。
・記録係は後日、学年にシェア（ポスターセッション）するときに必要な資料を作る。ガイダンス当日にしっかりメモをとり、必要な内容を取捨選択して、まとめることが大切。
・発表係はポスターセッションで、ガイダンスの内容を他の生徒に伝える。
・歓送係はガイダンス当日に講師控室へお迎えに行き、教室へ案内する。ガイダンス終了後にはまた控室へ送り届ける。

実際の授業では、司会係と記録係と発表係は別途時間を設け、打ち合わせ会議を行った。その際の資料を 4 補助資料に載せてあるので、参考にしてほしい。

（3）【まとめ・表現】

ガイダンス当日に個人が書き込む形のワークシート１枚と、また後日ポスターセッションで全体シェアした後、最終的にこの取り組みを振り返るための振り返りシート１枚を個人用に用意した。また、記録係の生徒にはガイダンス当日に A4白紙を１枚渡し、記録シートを別途書いてもらう。発表係の生徒を中心に、記録シートをもとに発表用模造紙を作成し、発表の準備を行う。

ガイダンスのだいたい１週間後、集まった発表用模造紙を全体でシェアするために、ポスターセッションを行う。ポスター（模造紙）にガイダンスで学んだことをまとめ、他の生徒に伝える。アウトプットすることで、何を学び、何が課題なのかをより深めて考えることができる。オーディエンス（聞く生徒）も意見したり質問することでお互いにさらに理解を深めることになる。「いいね！」シールを用意して、模造紙に貼って回るなど楽しみながら、ガイダンスの振り返りができる。

【まとめ・表現】で大切にしたいことは、自分の希望進路以外にも様々な選択肢があることを知り、違う講座からも気づきがあるということである。それは具体的な内容であったり、企画の進め方や記録シートのまとめ方かもしれない。ガイダンスを成功させることだけが本取り組みの目的ではない。その後、振り返りシートを記入して、この取り組みを総括する。そこでは、ガイダンス当日よりも事前準備や事後シェアについて言及する生徒も多くいると予想される。ガイダンスやポスターセッションをやって終わりではなく、振り返りを大事にしたい。

4 補助資料

以下のデータは≪学事出版 HP 書籍総覧の本書「詳細」≫からダウンロードして適宜改稿して使用ください。【パスワード tankyu_guide】

探究 進路ガイダンス

司会者会議

1．司会台本を作る

見本を参考に、司会の台本を作り、担当の先生に見てもらってください。

２人で司会をする場合は、事前に打ち合わせ、リハーサルをしておくこと。

○講師の人の所属と名前を間違えない

○学びたいこと、知りたいこと、テーマを伝える

○本時50分の流れを理解する

○合間で司会が進行を行う（講師の先生に丸投げしない）

○最後にまとめの言葉を言う

2．質疑応答する

質問事項の内容や数は担当の先生と確認しておきましょう。

質問は司会者がするのか、質問係がするのかを事前に決め、

リハーサルをしておくこと。

※企画書〆切・今日16時までに担当者まで

探究 進路ガイダンス

司会台本　見本

今から、進路ガイダンスを始めます。この講座は(　**講座名**　)です。

本日、司会・進行をします(　　)年(　　)組(　**名前**　)と、(　　)組(　**名前**　)です。よろしくお願いします。

前回みんなで集まって、今日の講座ではどんなことが知りたいのか、学びたいのかを話し合いました。今回、私たちはこの講座で、【**テーマ**　　　　　　　　　　　　　　　　】ことについて理解を深めたいと考えています。

本時の大きな流れを説明します。先ずはじめに、講師の先生から20分程度、学校説明についてお話いただきたいと思います。実際の生徒さんの様子なども教えて頂けたらと思います。その後、私たちから聞きたいことを質問させてください。質疑応答の時間を15分とります。最後にワークシート記入の時間にしたいと思います。

講師の先生からお話を聴きながら、必要に応じて、メモをとることもありますが、よろしくお願いします。

では、始めます。最初に講師で来て頂いた先生をご紹介します。(　**名前**　)さん、よろしくお願いします。《拍手》

(　**名前**　)さんありがとうございました。では、今から質疑応答の時間に入ります。質問係りの人よろしくお願いします。

せっかくの機会ですので、他に質問したい人いますか。

では、今からワークシートを記入してください。

以上で、今日の講座を終了します。【　　　　　　　　　】について学ぶことができました。【　**感想など**　】もう一度、講師の先生に感謝の拍手をお願いします。《一礼》

探究 進路ガイダンス

記録係会議

1．記録シートを作る

Ａ４サイズ１枚で記録シートを作成してください。

ポイントは以下の３点ですが、講座によって形式を変更しても構いません。

○講座の中身（学校・学部の特色など）

○学んだことや共有したいこと

○アクションプラン（これから何するべき？）

2．振り返りの資料となる

記録シートをＡ４白紙で１枚にまとめてください。

学んだことを「みんなに伝える」ということを意識して作ってください。

模造紙〆切：10/ 4 （火） 16時までに担当者へ

探究 進路ガイダンス

発表係会議

1．ポスターセッションを行う

次回の授業で全体へシェア(共有)します。

ポスターセッションという形式で、みんなへ発表します。

学んだことを「みんなに伝える」ということを意識してください。

ポスターセッションとは

模造紙を壁に貼り出し、その前で他の生徒に学んだことを伝える。他の生徒は自由に移動し、発表を聞き、質問や講評を行い、意見交換する。数分ずつに区切って、数回繰り返します。

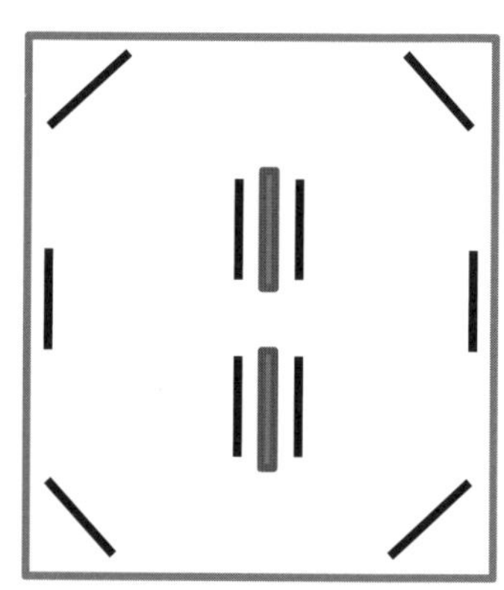

2．発表用模造紙を作る

記録シートをもとに発表用模造紙を作成してください。

ポイントは以下の３点ですが、講座によって形式を変更しても構いません。

○講座の中身（学校・学部の特色など）

○学んだことや共有したいこと

○アクションプラン（これから何するべき？）

模造紙〆切：10/11（火）16時までに担当者へ

5 ONE POINT解説

40人で開講された講座もあれば、１人に向けて行われた講座もあった。少人数で開講する場合は、役割を分担できず１人でやりくりする必要があり大変なことも多いが、その反面、講師を独占でき、じっくり聞き込むことができる。一方、講座人数が多いと、まとめることが難しい。各講座の人数や全体講座数に合わせて、教員１人が担当する講座数を分配してほしい。

実際にこの取り組みを行ってみて、「あんなに一生懸命、企画書を作って業者とやりとりしたのに、当日来られた講師は企画書や要望を一切無視して、講師本位の講演になった」という生徒の落胆する声もあった。一方で、外部業者に本取り組みについて伺うと、確かにやりとりに時間がかかり手間も増えるが、生徒の思いが伝わって、講師の方も前向きに参加してくださったという声もあった。「控室に生徒が迎えに来てくれたのが嬉しかった」と講師の方からの声もあった。まだまだ進路ガイダンスは受け身の説明会で終わってしまっている学校が多いが、生徒主体の形式も少しずつ受け入れられている。

全体シェアのやり方は、ワイワイ交流しながら行うポスターセッション以外にもいろいろある。例えば、記録シートをクラス数コピーして、各クラスで１人１枚配り、「２分経てば、後ろへ回す」を繰り返す。この方法をとれば、だいたい20～30枚の記録シートを各自が読めることになるので、自分の関心のなかった分野からも学びになることがある。また、「記録シートを１つの冊子にして、各クラスに保管」という方法もある。そもそも模造紙ではなく、画用紙サイズにして廊下に掲示するのもいい。他学年の取り組みが可視化され、他の学年（特に下級生）への刺激にもなる。発表形式をとる場合は、当初の役割分担に、記録以外にも発表係を作ることも可能である。

■生徒作成資料例

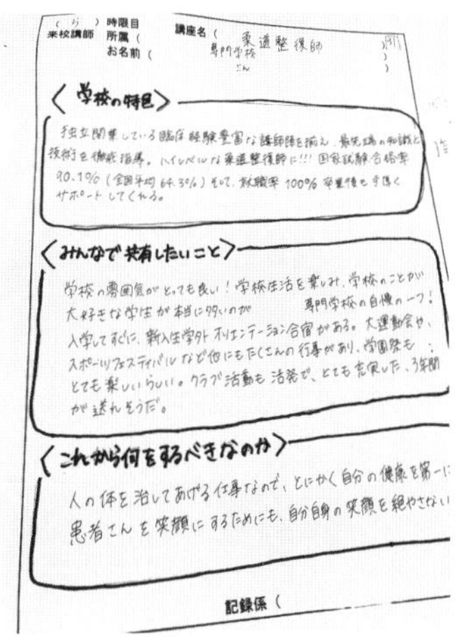
（ ）時限目
来校講師 所属（
お名前（
講座名（ 柔道整復師
専門学校
さん

〈学校の特色〉
独立開業している臨床経験豊富な講師陣を揃え、最先端の知識と技術を徹底指導。ハイレベルな柔道整復師に!!! 国家試験合格率90.1%（全国平均64.3%）そして、就職率100%卒業後も手厚くサポートしてくれる。

〈みんなで共有したいこと〉
学校の雰囲気がとっても良い！学校生活を楽しみ、学校のことが大好きな学生が本当に多いのが専門学校の自慢の一つ！
入学してすぐに、新入生学外オリエンテーション合宿がある。大運動会や、スポーツフェスティバルなど他にもたくさんの行事があり、学園祭もとても楽しいらしい。クラブ活動も活発で、とても充実した、3年間が送れそうだ。

〈これから何をするべきなのか〉
人の体を治してあげる仕事なので、とにかく自分の健康を第一に
患者さんを笑顔にするためにも、自分自身の笑顔を絶やさない

記録係（

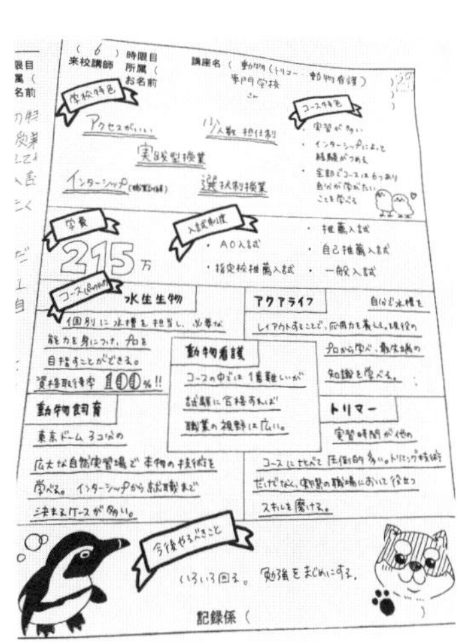
（ 6 ）時限目
来校講師 所属（
お名前（
講座名（ 動物（トリマー・動物看護）
専門学校
さん

学校特色
アクセスがいい
少人数担任制
実践型授業
インターンシップ
選択制授業

コース特色
・実習が多い
・インターンシップによって経験がつめる
・全部でコースは6つあり自分が学びたいことを学べる

学費
215万

入試制度
・AO入試
・指定校推薦入試
・推薦入試
・自己推薦入試
・一般入試

水生生物
個別に水槽を担当し、必要な能力を身につけ、プロを目指すことができる。
資格取得率 100%!!

アクアライフ
自分で水槽をレイアウトすることで、応用力を養える。現役のプロから学べ、最先端の知識を学べる。

動物看護
コースの中では1番難しいが試験に合格すれば職業の視野は広い。

動物飼育
東京ドーム3コ分の広大な自然実習場で本物の技術を学べる。インターンシップから就職まで決まるケースが多い。

トリマー
実習時間が他のコースに比べて圧倒的多い。トリミング技術だけでなく、実際の職場において役立つスキルを磨ける。

今後やるべきこと
いろいろ回る。勉強をまじめにする。

記録係（

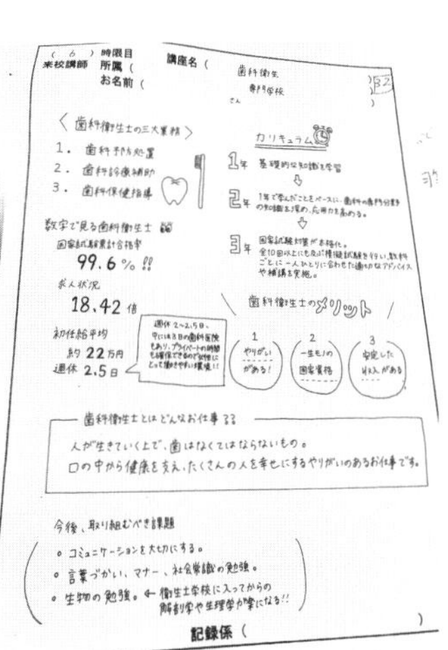
（ 6 ）時限目
来校講師 所属（
お名前（
講座名（ 歯科衛生
専門学校
さん

〈歯科衛生士の三大業務〉
1. 歯科予防処置
2. 歯科診療補助
3. 歯科保健指導

カリキュラム
1年 基礎的な知識を学習
2年 1年で学んだことをベースに、歯科の専門分野の知識を深め、応用力を高める。
3年 国家試験対策が本格化。全10回以上にも及ぶ模擬試験を行い、教科ごとに一人ひとりに合わせた適切なアドバイスや補講を実施。

数字で見る歯科衛生士
国家試験累計合格率
99.6%!!
求人状況
18.42倍
初任給平均
約22万円
週休2.5日

歯科衛生士のメリット
1 やりがいがある！
2 一生モノの国家資格
3 安定した収入がある

歯科衛生士とはどんなお仕事??
人が生きていく上で、歯はなくてはならないもの。
口の中から健康を支え、たくさんの人を幸せにするやりがいのあるお仕事です。

今後、取り組むべき課題
・コミュニケーションを大切にする。
・言葉づかい、マナー、社会常識の勉強。
・生物の勉強。← 衛生士学校に入ってからの解剖学や生理学が楽になる!!

記録係（ ）

「ロールプレイ」から始めよう 食品ロスを探究する

ワークシート編

（1）【課題設定】ロールプレイ

◆スーパーでの会話を演じてみましょう。（登場人物　4名）

1年4組は学校の遠足でBBQをすることになり、BBQ会場近くのスーパーに同じ班のメンバーと買い物にやってきました。

A：お肉はどれがいいかな……。牛肉、豚肉、鳥肉……鳥肉って何の肉だっけ？
B：鶏じゃない？
A：そうか、でもここに並んでいる鴨肉もやっぱ、鳥肉じゃないの……。
C：そんなのどうでもいいんじゃない？
B：でも、たくさんあってどれにしようか迷うよね。
D：一人あたり何グラムぐらいあったらいいのかなあ……。
A：このパックで2，3人前って書いてある……でもなんか物足りないなあ。予算もあるし……。
B：野菜もいるんじゃない……。
A：ピーマンはいらないよ。苦手。
D：小学生じゃないんだから。
とワイワイ。
A：この肉40%引きってシール貼ってる。でもなんだか色が悪い感じ……。
B：消費期限が今日までだから大丈夫なんじゃない？
C：安いんだからいいじゃん。
D：私たちが買わないと捨てられるかもよ。
A：食品ロスってやつだね。
D：このスーパーには本当にいろんなものが並んでいるけど、全部買い手がついて売り切れるのかなあ。
A：そんなことは絶対ないよね。たぶん、消費期限切れのものとかたくさん捨てられるんじゃない……。
D：もったいないよね。
C：でも、なんか、「もったいない」では済まされないような、企業やお店、消費者のいろんな事情があるような気もするなあ。
A：今度の総合的な探究の時間はこの食品ロスの問題をやってみようよ。
B、C、D（皆で元気に）：賛成!!

◆というわけで、Aさんたちにかわって食品ロスについて調べてみましょう。

（2）【情報収集/整理・分析】

1．インタビュー調査

社会的な事象を調査研究するための調査方法にはいくつかあります。たくさんのデータを集めて処理し、分析を加える統計的調査などの量的調査と、アンケート記述や面談による質問・回答などの質的調査です。

統計的な調査は政府省庁などの行政機関や研究機関等が行い、インターネット上や書籍などで公になっています。ここではインタビュー調査で、食品ロスの実際を調べてみましょう。

■インタビュー調査対象

1 お店編

①コンビニの店長または店員など　行先（　　　　　　　　　　　　）　担当（　　　　　　　）
②スーパーの店長または店員　行先（　　　　　　　　　　　　）　担当（　　　　　　　）
③飲食店の店長、店員　行先（　　　　　　　　　　　　）　担当（　　　　　　　）
④食品メーカーの広報室、社員　行先（　　　　　　　　　　　　）　担当（　　　　　　　）

◆どんな質問が考えられるか箇条書きでたくさんあげてみましょう。

1．＿＿＿＿＿＿＿＿＿＿＿＿＿＿＿＿

2．＿＿＿＿＿＿＿＿＿＿＿＿＿＿＿＿

3．＿＿＿＿＿＿＿＿＿＿＿＿＿＿＿＿

4．＿＿＿＿＿＿＿＿＿＿＿＿＿＿＿＿

5．＿＿＿＿＿＿＿＿＿＿＿＿＿＿＿＿

◆何を知りたいかを明確にして、実際に質問する内容を班で決めて書きましょう。

1．＿＿＿＿＿＿＿＿＿＿＿＿＿＿＿＿

2．＿＿＿＿＿＿＿＿＿＿＿＿＿＿＿＿

3．＿＿＿＿＿＿＿＿＿＿＿＿＿＿＿＿

◆わたしの担当（　　　　　　　　　　　　　　　　　　　　）　訪問日（　　　　月　　　　日）

・回答してくれた人（役職）（　　　　　　　　　　　　　　　　　　　　　　　）

・回答

1．＿＿＿＿＿＿＿＿＿＿＿＿＿＿＿＿＿＿＿＿＿＿＿＿＿＿＿＿＿＿＿＿

2．＿＿＿＿＿＿＿＿＿＿＿＿＿＿＿＿＿＿＿＿＿＿＿＿＿＿＿＿＿＿＿＿

3．＿＿＿＿＿＿＿＿＿＿＿＿＿＿＿＿＿＿＿＿＿＿＿＿＿＿＿＿＿＿＿＿

・その他、インタビューメモ

2 自分の家庭・保護者編

自分の家庭でどれだけの食品を処分しているか、調べてみましょう。

＿＿月＿＿日～＿＿月＿＿日の１週間。分量はおおよその目安でかまいません。

○消費期限切れで処分したもの。「消費期限切れ」の意味を調べてみましょう。

○食べ残しで処分したもの。

○その他の理由で処分したもの（理由も含めて）。

○その他、インタビューメモ、調べてみた感想、保護者のコメントほか

2．分析

1 2 で調査したことを分析してみましょう。

○コンビニ、スーパー、飲食店、家庭で食品ロスが生じる事情（理由）を検討してみましょう。

○企業が取り組むべき対策、取り組んでいる対策として何があげられるか検討してみましょう。
※各企業のＨＰなども参考になります。

○個人・消費者が取り組むべき対策として何があげられるか検討してみましょう。

○国や自治体で取り組むべき対策、取り組んでいる対策として何があげられるか検討してみましょう。

<参考資料・HP>

国連「持続可能な開発目標」（SDGs）
https://www.jp.undp.org/content/tokyo/ja/home/sustainable-development-goals.html

国連食糧農業機関（FAO）国連広報センター
https://www.unic.or.jp/info/un_agencies_japan/fao/

外務省　食糧安全保障関係
https://www.mofa.go.jp/mofaj/gaiko/fao/index.html

農林水産省HP（食品ロス・食品リサイクル）
http://www.maff.go.jp/j/shokusan/recycle/syoku_loss/

消費者庁
https://www.caa.go.jp/policies/policy/consumer_policy/information/food_loss/

関連法令　2019年10月１日施行された食品ロス削減推進法　　食品衛生法

（3）【まとめ・表現】

調査・検討してきたことをパネルディスカッション形式で発表しましょう。

※パネルディスカッションとは？
討議法の一種。所定の問題の討議にあたって、あらかじめ意見の対立を予測して選ばれた各意見の代表者のグループ（パネル＝陪審員）が聴衆の前で意見発表と討論を展開し、その後、司会者の誘導により聴衆も参加して討論を進めるもの。（出典：ブリタニカ国際大百科事典）

・その業界や立場の人と仮定して（なりきって）報告してみましょう。
・「食べ物を残すことはいけないことだ」という倫理的な善悪にとどまらず、社会的・構造的な課題として発言できるよう工夫しましょう。

①役割分担
・コンビニやスーパーなどの小売業界代表　（　　　　　　　　　　）
・ファストフードやレストランなど飲食店業界代表　（　　　　　　　　　　）
・食品メーカーなどの生産者の業界代表　（　　　　　　　　　　）
・消費者代表　（　　　　　　　　　　）

②問題報告
食品ロスの問題点を今一度改めて議論してみましょう。
・業界の抱える悩み、構造的な問題・課題が浮き彫りになるように留意しましょう。
・業界のとりくみを報告しましょう。
・全員は消費者でもあります。消費者の立場、個人でできることを考えましょう。

〇コンビニやスーパーなどの小売業界から見た食品ロス問題報告

〇ファストフードやレストランなど飲食店業界から見た食品ロス報告

〇食品メーカーなどの生産者の業界から見た食品ロス問題。

〇消費者から見た食品ロス問題

③パネルディスカッション

それぞれの立場で議論してみましょう。

タイトル：「食品ロス問題を改善するために私たちにできること、国や社会全体で取り組むこと」

<視点>

○可能であれば農業・漁業などの第１次産業における生産者の立場も加えましょう。

○政治の取り組みとして必要なことは何か、国や自治体に求めることは何か、という視点で議論してみましょう。

〔メモ：そのとおりだ、いやそれは違う、パネラーへの質問、など〕

●発展編

実際に、外部ゲスト（食品ロスに直面している方々や業界、国や自治体等関係省庁の方々）に登場してもらうと、さらに深まるでしょう。

「ロールプレイ」から始めよう パネルディスカッションをつくる 指導書編

1 このワークのねらい

テーマは「食品ロスを探究する」である。まず【課題設定】として遠足の買い出しの場面をロールプレイすることで、ありふれた身近な生活の中に課題設定の機会はあることに気づかせたい。「なぜだろう」「どうしてそうなるのだろう」と問いを発すること、その問いを他者と共有していくこと、その習慣を身につけることが大切である。

【情報収集】は主にインタビュー調査の手法を用いる。当然ながらインタビューには取材相手が存在する。なぜその相手なのか、何を聞きたいのか、何を明らかにしたいのかを明確にし、相手に敬意をもって向き合う。アポイントの取り方から、インタビューの実際、事後の報告・お礼まで一連の過程から学べるものはとても大きいはずだ。インタビューの際には、相手の立場に留意させたい。企業の広報、店長など責任者の立場、従業員の立場、消費者、または家族。それぞれの発言にはその立場を反映した背景がある。【分析】の際には、その発言の背景を読み解くことで、食品ロスのもつ構造的な問題、あるいは社会の問題に目をむけることにつながるだろう。また、分析の視点として、個人（消費者）のレベルでどうとらえるか、あるいは何ができるかということと、国や社会がどう取り組んでいるか、どうすべきかということをふまえさせたい。道徳的なモラルの問題に収斂させないためにも必要な視点である。

【まとめ・表現】としてはパネルディスカッションを設定する。それぞれの立場を代表する意見の多様性を基盤にして、より高次に練り上げられた結論が導けることをめざしたい。

2 ワークシート空欄解答

展開例を参照

3 展開例

（1）【課題設定】ロールプレイ

◆スーパーでの会話を演じてみましょう。

対話形式のロールプレイである。

課題設定は身近な生活の中にあることをロールプレイを通して実感したい。授業での学びも生活と結びつけて考える習慣を身につけたい。

(2)【情報収集 / 整理・分析】

1．インタビュー調査

情報収集はさまざまな方法があるが、インタビュー調査を中心に情報収集を行う。それぞれの事業所で働く人から現場の声・思いを集めたい。食品メーカーについては、近隣にメーカーがあればインタビューにうかがい、ない場合は大手メーカーの広報室への電話取材となる。その際、食品ロスは倫理的な問題としてのみでなく、社会の構造的問題であることを意識できるよう指導したい。なお、さまざまな統計資料は国連や農林水産省などが HP で公開しているので活用させたい（p.75参照）。

なお、ワークシートでは 4 人班の班員それぞれが分担して①～④にインタビューを行う設定であるが、クラス内の各班ごとに①～④を分担する方法も考えられる。

1 お店編

◆どんな質問が考えられるか箇条書きでたくさんあげてみましょう。

アイスブレーキング形式でグループの中で自由に出し合う。

例

1．毎日どれくらいの食品ロスが出ているか。お弁当類・生鮮食料品・スイーツ類他　個数

2．金額にしてどれくらいになるか。

3．廃棄される食品はどのような経路で処理されるか。費用はどれくらいかかるか。

4．廃棄される食品に何か特徴はあるか。

5．食品ロスが出ないような取り組みはあるか。

◆何を知りたいかを明確にして、実際に質問する内容を班で決めて書きましょう。

例

1．毎日、どれくらいの食品ロスが出ていますか？お弁当類・生鮮食料品・スイーツ他、個数や金額（日額・月額・年額など）。

2．食品はどのようにして廃棄されていくか、あるいは再利用されているか。費用は？

3．食品ロスを出さないような取り組みはあるか。またどのようなものか、課題は何か。

◆わたしの担当

〇アポイントメントのとりかたを指導したい

店舗などの訪問にあたっては、事前に電話や手紙等でアポイントをとる。訪問の趣旨を述べ、おおよその時間設定、質問内容を事前に伝えておくことが重要。

学校長名の依頼文書の作成・持参があればなおよい（p.124参照）。

〇質問のしかた

質問の要点をはっきりさせておく。記録・メモを残しておく。

2 自分の家庭・保護者編

家族の了解を得ておく。

「消費期限切れ」は期限を過ぎれば食べないほうがよいという意味。

「賞味期限切れ」は期限まではおいしく食べることができるという意味。

2．分析

○分析の視点

食品ロスは「食べ物を粗末にしない」という倫理的な問題にとどまらず、食糧問題、環境問題としての視点が重要である。廃棄される無駄な食料生産によって多量のエネルギーを消費すること、また水分の多い食品は、運搬や焼却により余分な CO_2 を排出している。また、世界的に未だ飢餓と栄養不足に直面している人々（国と地域）が存在しており、将来もその数が増えると予想されているところから近年世界的な取り組みが求められ、SDGs では、「小売り・消費レベルにおける世界全体の一人当たりの食品の廃棄を半減させ、収穫損失等の生産・サプライチェーンにおける食品ロスを減少させる」ことがターゲットにあげられている。

一方で、効率的な経済・適正な資源配分という観点から、食品の廃棄に要するコストと流通や外食産業における品切れによって発生するコストを比較考量した場合、現状はバランスの取れた均衡点で最適な状態であるという指摘も根強いものがある。コンビニなどのいわば効率を優先するビジネスモデルでは、食品ロスは織り込み済みのものであるともいえる。しかし、人口減少が加速化し、食糧自給率がカロリーベースで 3 割強という日本においては、そうしたビジネスモデルが長続きするとは限らない。企業もそうした危機意識は持っていて、さまざまな取り組みをすすめている。

消費者の意識改革も重要である。特に日本は食品の安全・衛生に対する意識は高いといわれ、この消費者の意識に合う形の商慣習が存在し、企業はビジネスを展開している。分析にあたっては、たとえば、余分なものを買いすぎていないか、消費期限と賞味期限をどれだけ意識しているかなど、自分たちの消費行動をとらえなおしてみることが必要であろう。

なお、生徒向けワークシート掲載の URL（p.75）では、日本の食品ロスが平成29年度で年間612万（事業系約328万ｔ）家庭系（約284万ｔ）、1日一人当たり約132g、年間48kg 等の具体的な数値があげられている（農林水産省「食品ロス及びリサイクルをめぐる情勢」）。こうした資料を活用させたい。

（3）【まとめ・表現】

アウトプットはそれぞれの立場性をふまえたパネルディスカッション形式で行う。経済合理性が大きな背景にあることから利害の対立をふまえた、それぞれの立場性の主張と、それをふまえた上でのより高い立場にたった議論と判断ができるように指導したい。可能であれば、インタビューを行った対象の当事者の方に登壇いただくことも、生徒の学びを深めることにつながるであろう。

4 補助資料

p.75〈参考資料・HP〉参照

5 ONE POINT解説

○「食品リサイクル法」（農林水産省 HP 他より）

平成19年12月最終改正　食品循環資源の再生利用等の促進に関する法律

・趣旨：食品の売れ残りや食べ残しにより、又は食品の製造過程において大量に発生している食品廃棄物について発生抑制と減量化により最終的に処分される量を減少させるとともに、飼料や肥料等の原材料として再生利用するため、食品関連事業者（製造、流通、外食等）による食品循環資源の再生利用等を促進する。

・食品リサイクル法の基本方針では、食品ロスの削減を含めて食品廃棄物等の発生抑制が優先と位置づけられている。その上で発生してしまったものについてリサイクル等を推進。

・目標（2019年７月）2000年度比（547万ｔ）で、2030年までに半減させる（273万ｔ）。
異業種との協働による取組や消費者も一体となった更なる機運醸成や行動変革等、さまざまなステークホルダー（企業、雇客、従業員など利害関係者）との連携が必須であり、これをなくして本目標の達成は難しい。

（以上、農林水産省前掲資料）

目標達成がさまざまなステークホルダーの連携を求めているところから、そうした利害対立を調整し、より高い立場にたって判断・行動できる視点を考えさせたい。

Ⅵ「新聞記事」から始めよう「請願」という方法があります！

ワークシート編

（1）【課題設定】新聞記事

自分が住んでいる国やまちに対し、要望があるときはどうしたらいいんだろう？
「選挙に行って１票を行使」は自分の意思を示す大事な方法。
でももっと直接に、「議会に対してモノ申す」権利が憲法には認められている。
それが憲法16条、「請願権」だ。

①長野県の高校１年生たちが市議会に「請願」した。右の新聞記事を読んでみよう。

②さて、せっかく勇気を出して請願した高校生たちに対して、松本市議会の反応はどうだっただろう？（予想してみよう）

◎あなたの予想……（1　　　　　）　◎実際は？……（2　　　　　）

ア「高校生たちの言ってることはもっともだ」ということで請願を採択し、「高校生への通学費補助」を議会が検討することになった。
イ「高校生たちの言ってることはもっともだ」ということで請願を採択したが、そのまま事実上「ほったらかし」状態になっている。
ウ「高校生たちの言ってることはわかるが、請願書の書き方がめちゃくちゃだ」として、文章を突き返した。
エ「高校１年生は選挙権年齢に達していない」ということで、突き返した。
オ「そもそも高校生たちは文句を言ってるだけだ」と相手にせず、無視。

③日本国憲法第16条では？

> 何人（なんびと）も、損害の救済、公務員の罷免、法律、命令又は規則の制定、廃止又は改正その他の事項に関し、平穏に請願する権利を有し、何人も、かかる請願をしたためにいかなる差別待遇も受けない。

「何人も」と書いてあるから、「請願権」には、

・3＿＿＿＿＿＿ 制限がない。

・4＿＿＿＿＿＿ 制限もない。（そのまちに住んでいない人も可）

（『市民タイムス』2017年２月22日付）

市民タイムス

発行所/市民タイムス：本社/〒390－8539松本市大字島立800番地
TEL(0263)/受付47－7777 編集47－7774 広告48－2000 販売47－4755
FAX(0263)/受付48－2422 編集47－1654 広告47－8585 販売48－2422
支社/安曇野・塩尻 支局/長野・木曽

高校生 市会に初の請願

松工1年 交通施策で

公共機関拡充 自転車の利用

松本工業高校電子工業科１年A組の生徒37人が21日、高校生や高齢者ら交通弱者に配慮した公共交通の充実と、自転車利用者に優しい街づくりを求める請願２件を松本市議会に提出した。市議会議員が学校に出向いて地方自治への関心を促す交流事業がきっかけとなった政治参加で、議会事務局は、松本市議会への高校生の請願は「恐らく初めてではないか」としている。（瀬川智子）

交通弱者の日常生活に不可欠な公共交通の利便性向上を求める請願では▽アルピコ交通上高地線の朝の混雑解消のための増便▽同路線を利用する高校生の運賃補助－などを挙げた。自転車利用者に優しい街づくりは▽自転車専用レーンの安全確保▽中心市街地の無料駐輪場設置－を求めている。３月10日に予定する市議会２月定例会の建設環境委員会の審査で、代表生徒が出席して趣旨説明を行う。

生徒たちは昨年12月の市議会の出前授業で、政治参加ができると知り、自分たちが出した意見について議論を深めて公益性を踏まえて文書にまとめた。代表生徒４人とともに、請願提出に必要な紹介議員の署名を集めた今野蓮君（16）は「自分たちの意見が政治に反映されるといい」と願っていた。

市議会は、公選法改正による18歳以上への選挙権拡大を踏まえ、27年度から市内の高校で出前授業を開いている。担当する交流部会の上條俊道部会長は「請願という形になったのはありがたい」と喜び「（若者が）自分たちが主権者だと自覚し、自分たちがやらないと駄目なんだと思う気持ちを育てたい」と語っていた。

松本市議会事務局に請願書を提出する松本工業高校の生徒

④では、「わたしの身近な課題」をさがしてみよう。

●手順 **ワーク**

1，まずは下の欄に、自分で考えて該当することを書いてみよう。

（小さなことでもＯＫ！　気軽に書いてみよう）

2，グループで出し合おう。

3，グループで優先順位をつけよう。

グループの皆がもっとも感じる「これイチオシ」を選ぶ。

4，可能なら、「この班が考えるもっとよくなる提案」を考えてみよう。

ワーク１ 身近な課題について、まずは１人で考えてみよう。

A）私たちが過ごす「私の学校」

B）私たちが住んでいる（もしくは通っている）「私のまち」

での生活のなかで、

1，ここはちょっと困るなあ、と思うこと

2，ここはほかと比べてぜったい良いなあ、と思うこと

3，ここ、ちょっと気になるんだけど、と思うこと

を出し合おう。（難しく考えない。簡単でよい）

私の学校	困っていること	
	良いと思うこと	
	気になること	

私のまち	困っていること	
	良いと思うこと	
	気になること	

ワーク２ グループで出し合おう。

	名前	さん	さん	さん	さん	さん
私の学校	困っていること					
	良いと思うこと					
	気になること					

私のまち	困っていること					
	良いと思うこと					
	気になること					

ワーク３ グループで優先順位をつけよう。グループの皆がもっとも感じる「これイチオシ」を選んで、「学校」「まち」それぞれ赤でマルをつけよう。

ワーク４ 可能なら、「この班が考えるもっとよくなる提案」を考えてみよう。

☆この班の提案

（A 私の学校　B 私のまち）で困っている or 気になることへのこの班の改善（もっとよくする）提案（※「思いつき」程度でもよい）

	困っている or 気になる内容	改善提案
A学校		
Bまち		

●このあと、各グループが書いてくれた「提出用紙」は、次のように扱います。

「私の学校編」は、次期生徒会役員選挙立候補者に渡し、選挙公約づくりの参考にしてもらいます。

「私のまち編」は、これからの探究の授業で使用します。

（２）【情報収集/整理・分析】

さあ、「取材」に行こう。

▷私の班が考える請願テーマ（※いまの段階では具体的なものになっていなくてもよい。「～関係」「～について」程度でよい）

▷取材先　　　　　（　　　　　　　　　　　　　　　　　　　　　　　　　　）

▷取材に行く日　　（　　　）月（　　　）日　（　　　　）時

▷待ち合わせ　　　（　　　　）時　場所（　　　　　　　　　　　）

▷アポを取る担当者（　　　　　　　　　　　）

【注意】

①何のために、何を聞きたくてうかがうのか、をしっかり考えてからアポを取ること。

②アポの際にいろいろ言われたら、「探究の授業でアポを取るところから自分たちでやるように言われています」と伝えること。先方から答えられない質問が出たり何か言われたら、「ご不明な点があれば、先生から電話を入れさせていただきます」と言ってください。

【過去に先輩たちが訪れた取材先例】

県庁・市役所内の関係する課、議会事務局、警察署、鉄道会社、政治家事務所、商店街事務所など

▷取材先で聞きたいこと（質問）を４つ（以上）考えよう。

・

・

・

・

◎インタビュー記録

私の班の班長(　　　　　　　　　　　　　　　　)　行った日　(　　　　)月(　　　　　)日

☆行ったところ（　　　　　　　　　　　　　　　　　　　　　　　　　　　　　）

☆担当してくださった方・役職（　　　　　　　　　　　　　　　　　　　　　　）

☆記録

☆感想（請願・陳情に活かせそうな部分などあれば、それも）

（3）【まとめ・表現】パンフレット（請願書集）作成、プレゼンテーション

◎「請願」と「陳情」の違い

・請願……5＿＿＿＿＿＿＿＿＿＿が必要

・陳情……＿＿＿＿＿〃＿＿＿＿＿が不要

◎記載注意事項（大阪府議会ホームページより抜粋。一部改）

http://www.pref.osaka.lg.jp/gikai_giji/oshirase/seigan.html

（1）邦文（※日本文。点字によるものを含む。）で記載してください。
（2）「・・・・・に関する請願（陳情）書」と表題を記載してください。
（3）請願、陳情の趣旨及び具体的に請願、陳情をする事柄を簡明に記載してください。
（4）提出年月日を記載してください。
（5）請願（陳情）者の住所を記載し、署名してください。なお、氏名をゴム印・印刷などで記した場合には、押印が必要です。
（6）連署（※別紙をつける）の場合は、自ら住所を記載し、署名又は記名押印してください。
（7）請願書には、紹介議員１人以上の署名又は記名押印が必要です（陳情書には紹介議員は不要です）。
（8）議会議長あてに提出してください。

※このほか、「請願・書式」で検索すると、いろいろ出てきます。自分に合った書式で書いてください。

◎さあ、「例」を参考に請願書を書いてみよう。

→可能なら、専門家（議員さん、議会事務局や役所の方）に見てもらおう。

◎実際に高校生が大阪市議会に提出した「請願書」

請願第１号

放置自転車に関する請願

（平成29年２月１日受理）
（平成29年２月10日付託）
平成29年２月１日

大阪市会議長　○　○　○　○　様

大阪市○○○○1-2-3
○　○　○　○　㊞

紹介議員
○○○○　○○○○　○○○○　○○○○　○○○○
○○○○　○○○○　○○○○

請　　願　　書

（請願趣旨）
通行の妨げや景観を損なうことを防ぐために放置自転車を減らす。
（請願理由）
○高校で行われた大阪市についてのアンケートの中で「大阪市の悪い点はどこですか？」という質問に対し、放置自転車の数が多いと答える人がたくさんいました。そこで大阪市建設局自転車対策課へお話を聞きに行ったところ、平成19年度から放置自転車数が減ってきたことがわかりました。しかし今行われている対策の中でも何かまだ工夫できるのではないかと思い下記の体験談もふまえて請願します。
（体験談）
○高校３年生女子のアルバイト先が附置義務条例前の店舗なので駐輪場がなかったため、店先に自転車を置いていたら放置自転車と間違えられ撤去されそうになることが多かった。店長にこのことを相談したら、撤去されないように自分で察知するように言われた。しかし、店が忙しい時自転車に目を向けることができなかったため自転車を撤去されてしまった。

（請願項目）
１．大阪市自転車駐輪場附置等に関する条例制定について
　附置義務条例の制定前からある店舗の駐輪場の設置の啓発を強めてほしい。
　例、いくつかの店舗で共同の駐輪場を設けるなど。
２．無料の駐輪場を数多く設置してほしい。
３．啓発方法の工夫
　放置自転車増加防止のために、配布しているポケットティッシュの中に入っているチラシのデザイン変更（日本橋で配られているものはアニメとコラボレーションするなど）を行い、人々の目に入るように工夫をすることや啓発の強化をしてほしい。
以上３つの項目を請願します。

（請願　2017年２月10日　第１号）

◎各班の「請願書集」冊子をつくり、発表（プレゼンテーション）しよう。

地元の議員さんや役所の関係者、実際にインタビューにうかがった方々にプレゼン会の招待状を送ってみよう。若者の「声」を聞きたい方々が案外来てくださる（右ページ新聞記事参照）。

★ステップアップ

◎「模擬請願」から「本気（マジ）請願」へ

年齢、国籍、住んでるところ……それらの制限がないのが、「請願」や「陳情」。

せっかくここまでやったんだから、「ホンモノ」に迫って世の中変えるのもいいぞ。

◎生徒手帳を確かめてみよう。

生徒手帳には、あなたの学校の「生徒会会則」のページがある。

そこには、予算や部活動のルールとともに、生徒会役員選挙規定が書かれている。

選挙の規定は、実際の国政選挙や地方自治選挙のルールに準じて書かれていることが多いが、いっぽうで、今回学んだ「請願権（憲法16条）」に基づく規定は、あなたの学校の生徒手帳にはどういう形で書かれているだろうか。

◎「模擬請願」をとりあげた新聞記事　（『毎日新聞』2017年1月7日付）

高校生動こう 議会請願挑戦

昨年から選挙権年齢が18歳以上に引き下げられたのを機に、「主権者教育」に取り組んできた大阪府立旭高校（大阪市旭区）の生徒が、実現してほしい政策を議会へ要望する「請願」に挑戦している。投票するだけでなく実践的に政治に参加する試みで、地元を巡って交通安全や防災などの課題を探り、請願の内容を考案。今月中旬にも大阪市議会に提出する予定だ。主権者教育を担当する教員たちは、こうした動きの広がりに期待する。　【大島英吾、写真も】

請願について大阪府議のアドバイスに耳を傾ける府立旭高校の生徒ら＝大阪市旭区で昨年11月24日

大阪・旭高 月内提出へ

「敬老の日に高齢者に防災グッズを配布する」「各区に1カ所以上、子どもが球技で遊べる公園を設置して」

昨年11月下旬、同校国際教養科の課題研究の授業。3年生約20人が交通安全や防災などテーマ別に5班に分かれ、班ごとに考えた請願を発表した。生徒たちは4～9月に主権者教育の一環で模擬投票などを体験。10月から市役所や警察署などを訪れて担当者に話を聞き、政策を考えた。

小椋（おぐら）菜月さん(17)は祖母が住む鳥取県で地震が起きたことから、防災グッズの配布を思いついた。「調べるほど政治を知らないと感じるけど、政治に参加している実感があって面白い」。公園の設置を考えた山田彩乃さん(18)は「街のため、みんなのために何をどうすればいいのか考え、区役所で働いている気分だった」と振り返る。

別の班は路上喫煙の規制について聞くため市役所に電話した。「府立高校は大阪府の管轄」と言われて不親切と感じ、「ワンストップ窓口を設置して」。別の班は、生徒の一人がアルバイト先の飲食店に駐輪場がなく放置自転車に困った経験から「各店舗に駐輪場設置を義務付け、違反店舗には罰則を与える」とした。

発表には区職員や地元選出の府議らも出席し「ハッと気づかされた」「もう一歩踏み込んで考えてみて」などと講評。担当の佐藤功教諭は「選挙後も政治に関心を持ち続け、行政の仕組みや自分たちの街について考え、発言するきっかけになる」と話す。生徒たちは内容を練り直し、希望する班の代表者名で近く市議会へ提出する予定だ。

地域の課題知る機会に

10代の請願では、2005年に静岡市の中学生が歩きたばこの禁止を求め、条例が制定された例などがある。教育現場では選挙権年齢の引き下げに伴い、政治に対する生徒の関心を高めようと模索しており、請願が注目されることになった。

国が作成した主権者教育の副教材で請願について執筆した立命館宇治高校（京都府宇治市）の杉浦真理教諭は、6年前から授業で模擬請願を採用。「請願は地域課題を知り、変える方法を自ら考え働きかけていく行動。政治的教養を育むにはとても有効だ」と話す。

長野県立の松本工業高校（松本市）では昨年12月、市議10人が1年生を対象に出前授業をした際、隣の安曇野市で11年に高校生が乗り合いバスの運行時刻見直しを請願して採択されたことを紹介。生徒からは「暗くなってから帰る時、街灯がなく危険な山道がある」と発言があり、2月議会への請願提出に向け各クラスで内容を考える。　【大島英吾】

請願　国や地方議会などに要望を述べる方法で、憲法16条で保障された請願権に基づく。地方議会への請願は議員の紹介が必要だが、年齢や国籍の制限はない。議員紹介がないものは「陳情」として扱われる。請願を受理した議会は常任委員会で審査し、本会議で採択か不採択、継続審議か決める。採択すれば首長に文書送付し、内容の実現を求める。

「新聞記事」から始めよう 請願書をつくる

指導書編

1 このワークのねらい

「どうせ自分には無理」が口癖の高校生には、「請願」なんてとっても難しいもののように思われる。

でも、半信半疑で取り組んだ高校生の請願があれよあれよという間に採択され、改善された例がある。いや、むしろ、社会問題と縁遠いと思われている高校生だからこそ、この授業を経験した生徒の感想には、「まわりの大人たちが思った以上に協力的だった」という声がたくさん聞かれる。

年齢制限も国籍制限もない請願。たとえ「模擬」であったとしても、校外の人たちに身の回りの不便の「よりまし」案を伝えることで、「自分ごと」として考える第一歩にしたい。

2 ワークシート空欄解答

1、(どれを選んでも可)　2、ア　3、年齢　4、国籍　5、紹介議員

3 展開例

(1)【課題設定】 新聞記事、グループ討議

1時間目。新聞記事をもとに「請願」というものをひととおりレクチャーするが、生徒の状況によってはいきなり84ページの「私の学校」「まち」の困っていることを考えさせてもよい。

1人で考えを書きつけたあと、グループごとに共有する。

その際、85ページを拡大コピーして「提出用紙」として記入→提出させ、 裁断し、「私の学校」〜生徒会選挙にて使用、「私のまち」〜今後の授業にて使用する(p.86参照)。

(2)【情報収集 / 整理・分析】 インタビュー、取材

2時間目。請願テーマを検討し、取材先(その請願に関係する専門家)を決定する。アポ取り担当も決め、インタビューの日時を決める。

「たどたどしくてもよい。「町の課題を見つけて請願書を書く模擬請願の授業である」「○

○のことについて専門家に教えてもらいたい」をしっかり伝える」ことを念押しする。

教師が先回りしてインタビュー先と話をつけてくるのでなく、アドバイスはするが交渉することを生徒たちに経験させたい。

(3)【まとめ・表現】パンフレット（請願書集）作成、プレゼンテーション

pp.89-91を参考に、請願書の案文を書いてみる。p.91の書き方はあくまでも「例」であって、決まった定型はない。

地元の議員や市役所職員の方で協力的な方がおられたら、素案（下書き）を見てもらい、アドバイスをいただき、修正する。

実際の授業では、学校所在地の各党市会議員（候補含む）事務所に協力をお願いすると、急な依頼にもかかわらず2名の議員が各請願書案に対して詳しいアドバイスをくださった。

「請願書集」冊子をつくって表現とするほか、議員、職員、管理職等の大人に来ていただき、プレゼンと質疑応答の会を開催してもよい。

4 補助資料

次ページより、授業の中で使用したワークシート、資料、生徒が作成した文例を載せた。学事出版HP書籍総覧の本書「詳細」にword資料があるのでダウンロードして、適宜、加筆変更して使用（生徒に提示）いただきたい。【パスワード tankyu_law】

（資料1）各班の「作戦会議」で使った資料

まちづくり請願　作戦会議用紙

班長（　　　　　　）班員（　　　　　　　　　　　　　　　　）

1，今のところ、ウチの班が請願しようと思っているテーマ。（複数でもよい）

教育　福祉　ごみ　環境　交通　国際理解　商業　工業　農業
その他（　　　　　　　　　　　　　　　　　　　　）

2，専門家調査
①行こうと思っているところ

②候補日

③アポをとる担当者

④その他、注意事項

3，地方政治家のアドバイス
①聞きに行こうと思っているところ
自民　立憲民主　公明　維新　共産　社民　国民民主　れいわ　N国

②候補日

③アポをとる担当者

④その他、注意すべきこと

（資料２）地元政党事務所に教員から送った依頼文

秋冷の候、やっと秋めいてまいりました。

さて、本校では、「模擬請願」（総務省・文部科学省作成副教材『私たちが拓く日本の未来』pp.72-77）に取り組んでおります。生徒たちが身近なまちの課題に接し、解決策を考え、請願書もしくは陳情書を作成する活動です。

今回、以下の形でご協力を賜りたく、本メールを送らせていただきました。

①総務省・文部科学省作成副教材には、請願書ができたあと、「地元の議員さんに見てもらいましょう。そして、自分たちの提案について、改善点や実現への方法を聞いてみましょう」と書かれています（p.76)。

このあと、生徒が貴事務所にアポを取り、請願書（もしくは陳情書）を見ていただきたい、と申し出てくるかもしれません。その場合、可能な範囲で見てやっていただきたく存じます。

②授業予定を添付いたしました。そのなかで、

・１１月１７日（木）　請願書作成、検討

を予定しております。

この日の午前９：００～１０：００の時間に、

a）生徒が貴事務所にうかがわせていただき、アドバイスをいただく。
b）ご足労ですが議員ご本人か事務所の方に本校にお越しいただき、生徒たちにアドバイスをいただく。

のどちらかをお願いすることは可能でしょうか。

③同じく、

・１１月２４日（木）　各班のつくった請願書について、全体プレゼン会を予定しています。

この日、議員ご本人か事務所の方にご来校いただき、高校生のプレゼンに対し、「プロの政治家」としてのアドバイス等をいただけないでしょうか。

本メールは、大阪市の議会事務局のアドバイスをいただき、前回お世話になりました維新、自民、公明、共産、民進各党事務所に送らせていただいています。

政治的中立を担保したうえで、ぜひこれから社会に巣立っていく３年生たちにとって政治が少しでも身近で「自分たちのもの」となるような授業にしたいと思っております。

お忙しいなかとは存じますが、議員のみなさま、事務所のみなさまのご協力、アドバイス等をどうぞよろしくお願いいたします。

（資料3）高校生が実際に作成した「請願書」「陳情書」案

防災対策に関する請願

大阪市会議長様

（請願趣旨、理由）

現在、日本では各地で自然災害が多発し、30年以内には南海トラフ巨大地震が起こる可能性が高いと言われています。私たちは区役所の防災課を訪問し調査しましたが、役所は防災対策に関して、準備はできているといいます。しかし、未だに対策は不十分で、国民の防災に対する意識は低いのが現状であるとわかりました。そこで、調べた内容の中からこれからも最も改善が必要な以下の項目について請願します。

（請願項目）

1. 家具の転倒防止の促進

地域活動協議会で65歳以上の高齢者の家を訪問し安価で対応する

2. 毎年敬老の日に防災パックを配布する

年に一度、敬老の日に65歳以上の高齢者に非常食、水、懐中電灯、タオルなどが入った防災パックを配布する

3. 現在大阪市で実施されている住宅の耐震診断と耐震補強の制度の促進

4. 避難場所案内の多言語化

案内表示を英語、中国語、韓国語で対応し、より多くの施設で実施する

5. 現在ある対策や備蓄、避難場所等を住民に知らせ、啓発活動を行うこと

各地域ごとにわかりやすいチラシや冊子を作成し、実際に地域で説明する機会を設ける

以上5つの項目を請願します。

平成 29年 1月 17日

請願者代表

住所

名前

公園に関する陳情

大阪市会議長様

（陳情趣旨）

公園にはたくさんの幅広い年代の方々が利用されます。
そこで今以上に快適に公園を利用できるために下記の通り陳情します。

（陳情理由）

大規模公園を除く公園の利用者数が減ってきているように感じ、そこでなぜ減ってきているのかを考えました。
１つめは球技のできる公園が少ないことです。一部の区では防球ネットの設置をしているみたいですが、費用がかかることもあり数はすくないです。
ですが球技ができなければ遊びの幅は狭く、携帯電話やゲーム世代の子ども達は外で遊ぶ、公園で遊ぶ機会は少なくなります。
だから、お年寄りや乳児に配慮しつつ防球ネットの設置の数を増やす、または区に一つでも球技のできる公園があれば今の現状は変わってくると思います。
2つ目は公園緑化についてです。大阪は緑が少ないと言われています。緑化運動を大阪の中心部では行っているようですが、それはたくさんの人が集まるための緑化であって、生活する場所への緑化は少ないと思います。
せめて住んでいる地域の公園に緑が増えれば公園の雰囲気も町の雰囲気も変わってくると思います。四季を楽しめる公園が身近にあれば、公園に訪れる数も増え、利用する機会も増えると思います。

（陳情項目）

1. 各区に一つ以上の球技ができる公園を作ってほしい
2. 防球ネットの設置数を増やしてほしい
3. 大阪の中心部以外の緑化計画を考えてほしい

以上３つの項目を陳情します

平成 29 年 1 月 17 日
陳情者代表
住所
名前

5 ONE POINT解説

「18歳選挙権」が導入されたとき、全国で「模擬選挙」が注目された。しかし、それはあくまでも「模擬」であり、実際に教室に有権者と非有権者が混在したり、外国籍で選挙権を持たない生徒が存在するとき、指導の際には多くの気遣いが必要であった。

その点、「模擬請願」にはそれらの制限がない。『私たちが拓く日本の未来』（総務省・文部科学省2015）にもしっかり「第４章　模擬請願」（pp.72-77）として章立てがされている。総務省や文科省からも「公認」された活動で、まさに「自分で課題を見つけ情報収集しまとめる」というすぐれた「探究」教材である。

教師から「議会に請願しなさい」と命じることはNGだが、「せっかく作ったのだから実際に請願してみない？」とうながしてみると、「やりたがり」の生徒たちがうずうずしてくる。

本書p.92「ステップアップ」にあるように、「推薦入試で受験も終えてヒマだから」とか何とか言って４人のメンバーたちが、「ホンモノの請願」に名乗り出てきた。高校３年の後半にもかかわらず。

「『模擬請願』だけだと教室の中で終わってしまう感じ。でも、ホンモノの請願を体験して将来もずっと社会や政治に関わりたいと思えた」

新聞記者のインタビューに応え、堂々と言い切った生徒のことばが見事で頼もしい。

【参考文献】

佐藤功（2017）「「模擬請願」は「マジ請願」になりうるのか？」 歴史教育者協議会『歴史地理教育』864号　pp.48-53.

佐藤功（2019）「請願権」（長瀬拓也他『ここから始める「憲法学習」の授業』pp.128-129, ミネルヴァ書房）

総務省・文部科学省『私たちが拓く日本の未来』pp.72-77

第3章

さあ「探究」をやってみよう

ワークシート
&
そのまま使える資料集

■本章の使い方

「探究」とは、課題設定をおこない、自らが決めたテーマについて、さまざまな手法で調査を行い、発表する。それを振り返り、さらに「探究」を深めていく「学び」である。

さっそく「探究」を始めようとしても、何から手をつけたらいいのかわからない。そんなとき簡単に使用できるワークシートを提案したい。

今回の例では、自らの好奇心を大切に、ネット検索だけで終わることなく、校外での、“リアルに出会う”に留意したもので、クラスを解体したゼミ形式で行ったパターンのワークシートである。大切にしたことは、好奇心を「問い」にすること、学校を離れて外部へ調査に行くこと、クラスという枠を超えて、アウェーな場所でグループと協働して学ぶことの3つであった。

ワークシート等の各項目は文例を参考に、学校や生徒の実情に応じて設定してほしい。やがてはワークシート不要（生徒が企画デザインの様式から自由に作成）となることが、一番望ましい。そうなるまでに、どこまで細かな補助が必要なのか、「手取足取り」となりすぎてかえって生徒の成長を阻害していないか、等、注意しながら、実情に合わせたところで付録の《　》を改定し、使用いただきたい。

■ワークシート使用例　【ダウンロードパスワード tankyu_work】

●実施要項（pp.104-105）は生徒への提示用。「探究」を行うにあたって、その目的や大事にしたい観点、今後の予定等を書き込むものである。実施要項は教員から提示することが多いが、この要項は生徒たちが先を見越して学ぶためのものであることから、生徒たちで話し合って決めていく形をとれればなおよい。

◎実施要項例

クラスでグループを構成し、それぞれのグループが決めた「課題（設問）」の特性によって組み直した「ゼミクラス」でガイダンスや調査を行い、最後にプレゼン発表を行ったもの

【目的】

・課題設定から発表までを通して、課題探究のノウハウを経験する。
・クラス・担任を解体し、自分たちのグループ内で自らの役割を自覚し、行動する。
・インタビューやアポイントメントの取り方などの方法論を学び、外部との協力をはかる。

1、評価の観点

・グループワーク　協力して取り組む姿勢
・調査活動　課題に向き合う態度
・成果発表　プレゼンテーションの完成度

以上の3点について、ABCの3段階で評価する

プレゼン発表後、優秀賞に選ばれた班はボーナス点追加

２、全体の流れ

第１回　全体集会→クラス活動

概要説明、デモストレーション　クラスに戻り、グループの編成・課題設定

第２回　この時間より、ゼミクラスで活動。

調査活動ガイダンス　実践調査　外部へのアポとり

第３回　ゼミクラスでの活動（２時間枠）

第４回　ゼミクラスでの活動（２時間枠）

調査活動ガイダンス　実践調査・分析　資料作成　発表練習

第５回　ゼミクラス活動→クラス活動

プレゼンテーション発表と評価　ふりかえり

●ワークシート（pp.106-107）は見開き１枚もので、初回のグループ編成時に使用するためのものである。ブレインストーミング用に使用することもできる。

●活動記録日誌（pp.108-111）については、授業の回数分、p.109の「今日の取り組み」をコピーし、冊子状にして、班ごとに配布する。バインダーでとじていくことも可。最初に役割分担をして、表紙（p.108）に班構成がわかるように表記させる。活動記録日誌（p.109）は活動日ごとに何をしたのか記録させ、ゼミ担当教員へ提出させる。担当教員は内容をチェックして担任を通すなどしてグループに返却する。活動ごとに毎回行うのは大変であるが、丁寧に行うことで、どこまで探究が進んだのか、どこでつまずいているのか課題が早期に発見でき、サポートしやすくなる。活動最終日は　p.110の日誌を使用する。ゼミ担当者記入欄には、１．評価の観点を引用する。

●ふりかえりシート（p.111）はすべての活動を終えたあとに、個人で活動を振り返るためのものである。

■「そのまま使える資料集」使用例　【ダウンロードパスワード tankyu_doc】

p.112以降に、実際の「探究」授業で使用した際の各種資料をあげた。

参考までに、そのときの時間配分やスケジュール日程等を書いている。

◆資料コンテンツ

Ⅰ．担当の先生が生徒をサポートする際に、使えるプリント資料

①調査方法、②校外調査、③資料作成、④プレゼンテーション

Ⅱ．発表時に使用できる評価シート

Ⅲ．班長会議、調査主担会議、発表主担会議で使用したプリント３枚

班長会議：設問設定の極意・スケジュール管理

調査係会議：調査の鉄則・校外調査の注意・礼状の書き方

発表係会議：模造紙の作り方・発表の極意

Ⅳ．校外調査の際に用意した資料

探究

「探究」実施要項

課題設定をおこない、自らが決めたテーマについて、さまざまな手法で調査を行い、調査結果をまとめて、発表する。

クラスでグループを構成し、それぞれのグループが決めた「課題（設問）」の特性によって組み直されたゼミクラスで、ガイダンスや調査を行い、最後にプレゼン発表をする。ゼミクラス・HRクラスそれぞれで評価される。

【目的】

・

・

・

1、評価の観点

・

・

・

2、全体の流れ

/ （ ） 第１回

/ （ ） 第２回

/ （ ） 第３回

/ （ ） 第４回

/ （ ） 第５回

/ （ ） 第６回

/ （ ） 第７回

3、グループ内の役割

班員は（　　　）人。１人１人必ず、次に挙げる役割のどれかをすること。５人グループの場合、副班長は班長以外と兼任。

・班長　　：全体総指揮。グループ内会議では司会を務める。

・副班長　：班長の補佐。活動記録を取る。

・調査担当：主担・副担の２名。具体的な調査にあたってグループを率いる。
　　　　　　校外調査先へのアポ取り等も行い、調査終了後にお礼状を書く。

・発表担当：主担・副担の２名。プレゼン発表資料の作成を率先して行う他、発表の段取り等、発表に関わることを行う。

4、具体的な活動内容

①調査活動

図書室で本を探したり、インターネットで情報を集めたりする調査の他に、校外調査を実施する。博物館や美術館に行ったり、店の人にインタビューを行ったりする。インタビューの事前アポ取りも、事後のお礼状書きもグループで行う。ただし、**校外調査の行き先・日程・内容などについては必ずゼミ担当に相談し、許可を得る**こと。

②成果発表

調査結果を模造紙にまとめる。発表時間は（　　　）分間。１人が発表するのでなく、**必ず全員が１回は話す**こと。アドリブでの発表はしないよう、発表用台本を作って、備えること。

5、注意

・グループ単位で活動します。グループ全員で、調査から発表まで行うこと。誰か１人に負担がかかったり、誰かが怠けたりすることがないよう、役割をしっかり果たすこと。

・校外調査では授業の外出を認め、校内調査ではインターネットの使用を許可します。もちろん、遊びの時間ではありません。きちんと取り組み、結果報告書を担当の先生に必ず提出すること。

・インタビュー、校外調査を行います。服装、髪型、言動に気をつけること。

・都合が付かず、授業外の時間を使って、調査を行うことがあるかもしれません。その場合は、必ずゼミ担当の先生に相談して、指示を受けること。特に校外調査を授業時間外に行う場合は、必ずゼミ担当の先生と入念に打ち合わせすること。

探究

ワークシート

■問い

■きっかけ

■調査方法

・

・

・

・

・

・

■役割分担

(　　　)組・(　　　)班　ゼミ担当(　　　)先生			
チーム名(　　　)			
班長		副班長	
調査主担		調査副担	
発表主担		発表副担	

■スケジュール管理

やること	〆切

担当者確認

探究 表紙

活動記録日誌

(　　　　)組・(　　　　)班　ゼミ担当(　　　　)先生			
班長		副班長	
調査主担		調査副担	
発表主担		発表副担	

キーワード

設問

＊活動記録をつけ、(　　　　)までに(　　　　)へ提出すること

探究「今日の取り組み」

/ （ ）

■活動内容

（A、ガイダンス　B、グループ内会議　C、校内調査活動　D、校外調査活動
E、校外調査のための事前準備（アポ取り等）　F、発表資料作成　G、発表練習）

記号	内容（具体的に記録すること）

■今日の取り組み

【良　5・4・3・2・1　悪】

（理由：　）

■今日の反省点

■次回までの課題

□ゼミ担当より

/ ( )

探究 最終日

■今日の取り組み

【良 5 ・ 4 ・ 3 ・ 2 ・ I 悪】

（理由：　）

校外調査先：(　)

お礼状は書きましたか？ (YES ・ まだ)

■力をいれて取り組めたこと

■今までの活動での反省点

ゼミ担当者記入欄

・グループワーク　協力して取り組む姿勢　【 A ・ B ・ C 】
・調査活動　課題に向き合う態度　【 A ・ B ・ C 】
・成果発表　プレゼンテーションの完成度　【 A ・ B ・ C 】
・ゼミでのプレゼンで優秀賞に選ばれた　【 YES ・ NO 】

評価

探究

ふりかえりシート

1、あなたの役割と活動内容は？

役割(　　　　)　内容(　　　　　　　　　　　　　　　　　　　　)

2、今回の活動で、どのようなことが印象に残っていますか？

①グループ相談　②アポ取り　③校内調査活動　④校外調査活動　⑤発表資料製作　⑥発表と評価

番号(　　　　)　理由(　　　　　　　　　　　　　　　　　　　　)

3、グループ活動の中で、どんな達成感や成功の実感を得ましたか？

(　　　　　　　　　　　　　　　　　　　　　　　　　　　　　　)

4、グループ活動の中で、どんなところに失敗や反省すべきことを感じましたか？

(　　　　　　　　　　　　　　　　　　　　　　　　　　　　　　)

5、活動を通して、新たに興味を持ったことや、ほかに調べたいと思ったことは？

(　　　　　　　　　　　　　　　　　　　　　　　　　　　　　　)

6、全活動を通して、どんなことを学びましたか？　＊例を参照して具体的に書こう

①グループ内での協調性、コミュニケーション　②活動全体を見通した計画性　③正しい資料の探し方

④礼儀、話を聞く力　⑤資料作成のスキル（表現力）　⑥プレゼン力　⑦人のプレゼンを聞き、評価する力

7、自分の頑張りや成果を5段階で評価してみよう。探究はどうでしたか？

①充実していた　②それなりに充実していた　③どちらともいえない

④あまり充実していなかった　⑤充実していなかった

番号(　　　　)　理由(　　　　　　　　　　　　　　　　　　　　)

8、今回の活動で得たことを今後どのように活かしていきたいですか？

(　　　　　　　　　　　　　　　　　　　　　　　　　　　　　　)

■そのまま使える資料集

Ｉ．担当の先生が生徒をサポートする際に使えるプリント資料

探究 プリント①

調査方法

情報収集の方法
調べる・集める・探す

校内調査

・本（書籍・雑誌）
・新聞記事
・インターネット

図書室

校外調査

・インタビュー
・施設見学（博物館など）
・聞き込みアンケート

↓

電話アポ：応接室 外出許可書 必要

必ず担当者に伝えてからクラスを離れる

情報の評価 ＊情報を判断、評価するときに気をつけるポイント

□**誰がいつどこで**発信したものか考える

情報は無色透明ではなく、送り手の意図によって必ずある種の色が付いていることを意識する。人が生み出す情報は、その後ろにある時代背景や、その人が置かれている状況から大きな影響を受ける。また、ほかの人が書いた文章を自分のものであるかのように書いたり話したりするのは著作権の侵害となるので、情報源を必ず記録しよう。

□**複数**の資料にあたる

同じ情報でも、複数の資料にあたると格段に**信憑性**が増す。一つの情報を鵜呑みにしたり、自分にとって都合のよい情報だけを選択したりせずに、批判的な目で情報を集め、多面的に物事を考えることが重要である。

□時間をかけて**吟味**する

情報の判断は時間がかかるものである。その情報が重要な意味を持つと思ったら、関係する情報も収集して、じっくりと分析する必要がある。情報を集めるときには、その情報と対立しているものも含めて考えたほうが、より多角的な見方ができる。

探究 プリント②

校外調査

社会へのアプローチ方法

目的に応じた調査相手を探し、自分が知りたい内容を教えてくれそうな人を選ぶ。**調査する相手が決まれば、担当者に相談・許可をもらう**

1 調査する相手にアポイントメントを取る（電話：応接室で使用可）

アポの取り方

①名前をはっきりと名乗る

『こんにちは。私は○○高校の○年○組　名前　と言います。』

②用件の内容を伝える

『総合的な探究の時間という授業で、グループ研究をしています。私たちの班は、問い について調べ学習をしています。そこで、この度 相手 さんに 調査内容 についてお話を伺いたく電話させていただきました。お忙しいとは存じますが、○分程度で結構ですので、少しインタビューさせていただけないでしょうか。』

③日時の調整をする

『日程ですが、ご都合いかがでしょうか。』←**相手の都合を優先にする**

『では、○日○曜日○時に伺います。どうぞよろしくお願いいたします。』

■外出を許可する日時

11/12(木)10：50以降・11/19(木)13：30以降

《校外調査を授業時間外に行う場合》 ＊必ず担当者に相談し許可をもらう

・平日の放課後は18時までに活動を終え、終了の電話を入れること

・土日祝は14日(土)のみ可とする。17時までに活動を終え、翌登校日の８時半までに報告すること

＊授業外で電話や訪問をする際も、必ず担当者に言ってから行うこと

2 調査する相手のことを事前に調べ、質問を決めてメモするなど準備する

3 約束の時間に遅れず訪問し、相手に実際会って、インタビューして、メモする

インタビューの仕方

①一度にいくつもの質問や長々とした質問をしない

＊話を聞いていることを示す

『はい』・『そうですか』・『それから？』など

＊驚きや感激を示す

『へぇー』『それはそれは』『えぇ！？』など

＊同感や賛成を示す

『なるほど』『そうですねぇ』『わかります』など

②相手が話しづらくなるような態度は控える

×時計をチラチラ見る

×興味なさそうな顔をする

×話し手から視線をそらす

×相手に議論をふっかける

③相手の話を最後まで聞く

あくまでも相手の話が中心であることを忘れない。

④相手の話を必ずメモする

これは次の質問に備える役割とともに、相手の話の主眼点やキーワードを把握する意味もある。

⑤最後にお礼を言う。

4 調査したことを模造紙にまとめ、調査相手にお礼状を書く

発表までにしっかり模造紙を作成し、発表に備えないといけません。

計画的に調査し、資料作成をしましょう。

＊校外調査は複数の班員で行うこと

探究 プリント③

資料作成

模造紙の使い方・魅せ方

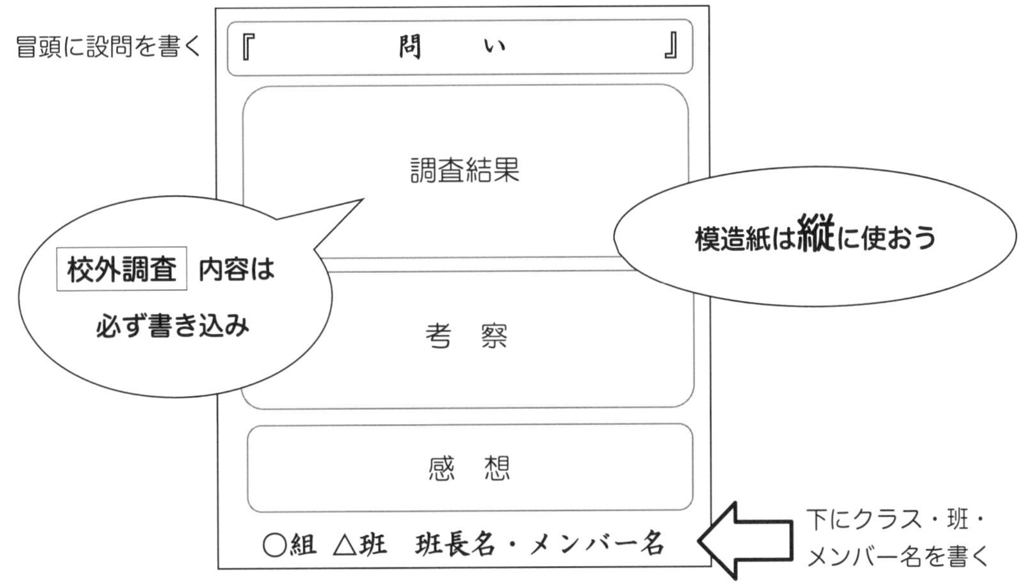

シンプルに魅せろ！

カラフルに極めろ！

イラストで美しく！

口頭で説明する内容をすべて文字にすると、聞く側は退屈してしまいます。
言葉にして発表するものと、**文字にして発表**するものと、区別してみよう。
模造紙１枚にまとめるには、端的に必要なことを書き入れよう。
文字だけでもダメ。どこが強調したいのか色を使って、とにかく見やすく！
見る側の立場を意識して、一度黒板に貼って、教室の後ろから見てみよう。

設問と結論はわかりやすい言葉にしよう

探究 プリント④

プレゼンテーション

説得力を持たせる発表

1班　　分　1人1発言

■何を伝えるか

・自分たちが最も訴えたいことを明確に述べる

自分の結論をはっきりと正確に述べる。結論は最後に言うと決めず、たとえば冒頭で、**「わたしが最も言いたいことは、……」**とあらかじめ述べるのもわかりやすい。

・根拠となる事実や調査結果を明確に述べる

説得力を高めるために、**「なぜわたしがそう主張するのかというと、……」**と主張の根拠（事実・データ、それらを基にした推定）を明示する。

・自分たちの考えやまとめを加える

設問を立て、調査をし、発表する経緯で、自分たちが行き着いた結論に対して、どう考えたのかを提示する。**「今回の答えを受けて、わたしたちは……と考えました。」**と、自分たちの「答え」を出す。

■どのように伝えるか

・聞き手の方を向き、その反応を見ながら話す。メモばかり見ない。
・はっきりと大きな声で発音する。内容に応じて声の大きさや速さを変えて、適度に間をおく。
・耳で聞いて、よくわかる言葉で話す。難しい漢語表現やあいまいな表現などは避ける。
・一文は短く、**5W1H**をはっきりするよう意識して話す。
When　Where　Who　What　Why　How
・模造紙を上手に使って、視覚からも情報を伝える。

プレゼンテーションの流れ（例）　＊時間を計ってみよう

①名乗る

『○組△班です。よろしくお願いします。』

②設問とその動機や目的を言う

『私たちが立てた設問は……です。』
『なぜ、この設問にしたかというと、……だからです。』

③調査方法と結果

『○○を使ってこんな風に調べました。その結果、……がわかりました。』
『また、△△での調査でわかったことは、……です。』

④考察と結論

『調査結果をもとに、私たちは……と考えました。』
『また、こんな風にも考えられました。それは、……です。』
『よって、この設問についての結論は、……です。』

⑤私見

『今回のグループ調査を通して、わたしは、……と思います。』

⑥礼

『以上です。ありがとうございました。』

聞く側の立場になって、知っている情報や模造紙に書いてある情報だけでは退屈してしまいます。5分は意外と短いものです。聞いている人が**『へぇー』『なるほど！』**となる発表にしましょう。

発言順を決めるだけでなく、練習をしよう

探究

プレゼン発表

1つめ

発表者（　　　　）組（　　　　）班	
設問 （　　　　　　　　　　　　　　　　　　）	
①内容 話の流れや時間配分はよく、わかりやすく工夫されていたか？	悪　1　2　3　4　5　良
②話し方 スピード、声のトーンやリズム、抑揚や間の取り方は良かったか？	悪　1　2　3　4　5　良
③態度 目線や姿勢など、スピーチに惹きつけられたか？	悪　1　2　3　4　5　良
良かった点	
改善できる点	

2つめ

発表者（　　　　）組（　　　　）班	
設問 （　　　　　　　　　　　　　　　　　　）	
①内容 話の流れや時間配分はよく、わかりやすく工夫されていたか？	悪　1　2　3　4　5　良
②話し方 スピード、声のトーンやリズム、抑揚や間の取り方は良かったか？	悪　1　2　3　4　5　良
③態度 目線や姿勢など、スピーチに惹きつけられたか？	悪　1　2　3　4　5　良
良かった点	
改善できる点	

Ⅲ．班長会議、調査主担会議、発表主担会議で使用したプリント３枚

班長会議　：設問設定の極意・スケジュール管理

調査係会議：調査の鉄則・校外調査の注意・礼状の書き方

発表係会議：模造紙の作り方・発表の極意

探究

班長会議

１．設問設定の極意

とにかくキーワード書き出せ作戦！

良い例　○パンダは家で飼うことが**できる**のか？（動物園）

○**なぜ**名画は人を惹きつけるのか？（美術館・学芸員）

○**どうして**クセ毛になるの？（美容師）

悪い例　×妖怪ウォッチ**について**：調べる方向性が見えない

×ラーメン店が**人気な**ワケ：主観的

×池田市のゆるキャラ**とは**：解説っぽくなる

※設問未決定10/27(火)までに担任まで

２．スケジュール管理

先を見通して、**いつ、誰が、何をするのか、**計画を立てよう

月	火	水	木	金	土	日
26	27	28	29	30	31	1
2	3	4	5 ⑥調査・アポ	6	7	8
9	10	11	12 ③④調査　授業昼まで	13	14	15
16	17	18	19 ⑤⑥発表準備	20	21	22
23	24	25	26 発表⑤ゼミ⑥ＨＲ			

特に、校外調査については、行き先・日程・内容を熟考しておくこと

次回、担当の先生に相談できるよう、班内で事前に時間を設けて話し合おう

探究

調査主担会議

1．調査の鉄則

・**複数**の資料にあたる（**信憑性**が増すため、一つの情報を鵜呑みにしない）
・**誰がいつどこで**発信したものか考える（**著作権の侵害**に注意）

2．調査方法と内容

どういう調査をしたら、どんな結果が出てくるのか 仮説 を立ててみる

どんな方法やどんな内容を調べると、課題解決につながるか見えてくる

誰に対して、何人に、どんな内容を聞くかを担当者に相談・許可を得る
・アンケート……質的にどうか、量的にどうかを検討する
・インタビュー…内容が相手にとって失礼でないか熟考する
＊回収率が悪いとアンケート結果として使えない(偏る可能性あり)

校外調査では、インタビューやアポイントメントの取り方などの方法論を学べ、外部との協力をはかることでプレゼン発表に深みが出る。**調査方法や質問内容などすべての過程(プロセス)において、担当者と相談し、許可を得ること！！**

アポ取り（TEL）→ 質問項目 → 礼状書き

調査の狙いを明確にして、失礼のないよう、事前調べと準備を行うこと

3．スケジュール管理

月	火	水	木	金	土	日
9	10	11	12 ③④調査 （授業昼まで）	13	14	15
16	17	18	19 ⑤⑥発表準備	20	21	22

探究

発表主担会議

調査結果を模造紙にまとめる。発表時間は＿＿分間。１人が発表するのでなく、**必ず全員が１回は話す**こと。アドリブでの発表はしないよう、発表用台本を作って、備えること。

［評価基準］
・内容（わかりやすさ・構成・時間配分など）
・話し方（スピード・トーン・リズム・抑揚・間など）
・態度（伝える意欲・目線など）

１．発表の鉄則

文字：模造紙に書くことで伝わりやすいもの（重要ワードなど）

↕ 区別すること！

言葉：口頭で説明した方が伝わりやすいもの（会話など）

２．役割分担と魅せ方

・誰が何を話すのか（目的を明確に）
・どの順番で話すとわかりやすいか
・司会役を付けるのか

五感をうまく刺激せよ

分間をどう演出するか

３．スケジュール管理

月	火	水	木	金	土	日
16	17	18	19 ⑤⑥発表準備	20	21	22
23	24	25	26 発表当日			

Ⅳ．校外調査の際に用意した資料

校外調査による外出の注意

「総合的な探究の時間」で、校外調査をおこなうために、外出を許可します。
実際に働いている人や関係者の方に、インタビューしたりお話を聞いたりして、リアルな声を発表に活かせるよう真摯に取り組んでください。

■外出を許可する日時

１１/１２(木)　１０：５０以降　(点呼後)

１１/１９(木)　１３：３０以降　(点呼後)

＊11/26(木)は発表になります。計画的に調査・資料作成をしましょう。

[校外調査の手順]

□調査する相手を選び、担当者に相談・**許可をもらう**
□調査する相手にアポイントメントを取る（電話：応接室で使用可）
□調査する相手のことを事前に調べ、質問の内容を整理しておく

※　校外調査は必ず３名以上・制服で行くこと　※

【当日】

□**担当者に「外出許可証」をもらう**
□調査先に「校外調査の依頼」を手渡す
□調査相手に失礼のないよう、調査を行う（絶対に無断で遅れない）
□**調査終了後、班長は学校に終了の電話をする**
□**外出先で、事故など問題が発生したら、すぐに学校に電話を入れる**
□**翌日13時まで**に担当者へ活動記録を提出する
□調査先にお礼状を書き、担当者に手渡す

《校外調査を総学の時間外に行う場合》＊必ず担当者に相談し許可をもらう

・平日の放課後は18時までに活動を終え、終了の電話を入れること

・土日祝は14日(土)のみ可とする：17時までに活動を終え、翌登校日の８時半までに報告すること　**授業短縮の懇談週間をうまく利用して行おう！**

目的を間違えないように、しっかりと校外での調査を行いましょう。また、調査先の方に感謝の気持ちを忘れず、高校生として恥ずかしくないような行動をしましょう。

担当者→担任

外出許可申請

「総合的な探究の時間」において、校外調査をおこなうために、外出を申請します。

(　　)月(　　)日(　　)　　:　　　　～

(　　)組　(　　)班　代表者(　　　　　　　　　)　TEL(　　　　　　　　　　　　　　)

メンバー(　　　　　　　　　　　　　　　　　　　　　　　　　　　　　　　)

調査目的：(　　　　　　　　　　　　　　　　　　　　　　　　　　　　　　)

調査先：(　　　　　　　　　　　　　　　　　　　　　　　　　　　　　　　)

交通手段：(　　　　　　　　　　　　　　　　　　　　　　　　　　　　　　)

調査が終了したら、必ず学校（　　-　　-　　）に電話をします　□はい

担当の先生(　　　　　　　　　　　　)

外出許可証

「総合的な探究の時間」において、校外調査をおこなうために、外出を許可します。

(　　)月(　　)日(　　)　　:　　　　～

(　　)組　(　　)班　代表者(　　　　　　　　　)　TEL(　　　　　　　　　　　　　　)

メンバー(　　　　　　　　　　　　　　　　　　　　　　　　　　　　　　　)

調査目的：(　　　　　　　　　　　　　　　　　　　　　　　　　　　　　　)

調査先：(　　　　　　　　　　　　　　　　　　　　　　　　　　　　　　　)

交通手段：(　　　　　　　　　　　　　　　　　　　　　　　　　　　　　　)

調査が終了したら、必ず学校に電話をします（　　-　　-　　）　□はい

外出先で、事故など問題が起きたら、すぐ学校に電話すること

担当の先生(　　　　　　　　　　　印　)

＊封筒に入れて、当日訪問先に持たせてください

校外調査の協力のお願い

秋の気配が次第に濃くなっていく今日この頃、益々のご清栄のこととお慶び申し上げます。平素は本校教育活動に、ご理解とご支援をいただき感謝申し上げます。

さて、本校第　　学年の授業「総合的な探究の時間」において、先日よりグループ学習を行っております。グループで課題を設定し、調べ学習を行い、発表をするという一連の活動の中で、協調性や集団行動力を養い、課題解決する力など将来に役立つ力を身につけてほしいと考えております。

つきましては、調べ学習において、地域の方々や社会人の方々から直接お話しを聞いたり、インタビューを行ったりという校外調査を実施したいと考えております。実際に精通されている方の声を、発表に活かせることで、より理解を深める機会になると考えております。

この度はご多忙の中、本校生徒の調査にご内諾いただきまことにありがとうございます。下記内容での調査を予定しておりますので、ご協力を賜りたくお願い申し上げます。

記

調査内容：

訪問人数：

↑ 太枠は担当者でご記入ください

探究

お礼状の書き方（本文）

校外調査でお世話になった先に、お礼状を送ります。調査係を中心に、発表の成果を踏まえて、感謝の気持ちを伝えましょう。

★決まり★

- **鉛筆で下書きした後、ボールペンで清書。**しっかり下書きをチェックし、**修正液は使わない。**
- 読みやすく丁寧に、誤字には注意。下書きができたら、一度、音読しよう。
- 手紙の形式を守り、言葉遣いは礼儀正しく失礼のないようにする。
- 大げさな言葉は避けて、お世話になったことを**具体的**にあげる。
- 縦書きなので、基本的に算用数字（1，2，3）は使わない。

★注意★

- 便箋をむやみに折ったり（三ツ折程度なら良し）、汚したりしない。
- 担当の先生が目を通すので、封筒に入れても**封はしない。**

★書き方例★（もちろん、①～⑩の番号は、実際の手紙には書きません）

①拝啓
②日ごとに冷気加わり、余寒が身にしみる頃となりましたが、③○○様におかれましては、なおいっそうご活躍のことと拝察いたしております。
④先日は、ご多忙にもかかわらず、本校の調べ学習校外調査にご協力いただき、ありがとうございました。

活動で学んだこと、感想などを述べる

今回の調査で学んだ経験を忘れず、今後も学校の勉強にとどまらない広い視野で、知識を身につけたいと思います。
⑤末筆ではございますが、○○様のいっそうのご活躍を、心よりお祈り申しあげます。
⑥略儀ながら、まずは書中をもちまして、お礼申し上げます。
⑦敬具
⑧十月○日
⑨○○高等学校　○年○組
○○○○
○○○○
他
⑩○○○（会社名）
○○○様

①頭語
②時候の挨拶
自分で秋の「時候の挨拶」を調べて書いてもよい。
③先方の安否
④主文
黒枠内は、自分たちの言葉でしっかり書こう。
⑤結びの言葉
⑥挨拶
⑦結語
⑧日付
⑨署名
⑩宛名

※分からないことは、先生に聞こう

お礼状の書き方（封筒）

★決まり★

・下の例をよく見ながら丁寧に書く。まずは**鉛筆で下書きし、ボールペンで清書**すること。

★注意★

・手紙は一度、先生がチェックします。手紙を封筒に入れても、ノリなどで**封はしない**。

・書き損じてしまった場合、先生に相談。事前に**下書きをしっかりチェックする。**

★書き方の例★

【表】

〇〇市〇〇〇　〇〇―〇〇

××会社

△△　□□様

※書き方のコツ

・住所や会社名・部署名などが長い場合などは、最初に相手の名前を**中央に**書く。

・企業にあてる丁寧な手紙の場合は(株)のように略字を使わず、「株式会社〇〇」のように書く。

・敬称語は、個人名の場合は「様」でOK。

・団体や部署あての手紙で、担当者の個人名が特定できない場合は、先生に相談すること。

【裏】

〒　-

〇〇市〇〇町〇-〇

〇〇高等学校

〇年〇組〇班　〇〇〇〇　〇〇〇〇　他

※書き方のコツ

・差出人の住所・名前を封筒の 1 / 3 におさまるように書く。表書きより小さな字で書く。

11月30日（月）16時まで　担当の先生へ提出

＊**完成した手紙**を、**宛名書きした封筒**に入れた状態で封はしないでください。

第4章

今さら聞けない「探究」Q&A

「探究」の授業に取り組むなかで出てくる「そもそも」の“？（はてな)”。
わかった顔をして議論をするが、必ずしも認識が一致されずに話が進むこともしばしば。
よく聞く疑問に対して、本書の作成メンバーが自分なりの答えを述べます。
今後の「探究」の一助となれば幸いです。

Q1 探究学習にはどんな意味があるのだろう？

［A］ 探究学習では、生徒が主体的に課題に関わって調査し、自分と違う他者生徒の情報や意見に学び、課題について学びを深めてゆくことが想定されています。そして、生徒はその成果物を、プレゼンテーションやポスターセッション等によって協働的に学び、発表します。それらをとおして、生徒たちの学びは、クラス、学年、学校集団で共有されたり、批判されたり、賞賛されたりします。さらに、その成果物は、地域や社会に活かされていきます。

探究学習は学習過程で、探究する力のほか、人やメディアから情報を収集する力、調査活動をして情報を分析、活用する力、他者とコミュニケートする力をつけられます。生徒自身が社会の未来を切りひらく方法を身につけ、生徒の学習に向かう関心、態度、意欲を育むことができます。また、生徒がキャリアを探究すれば、自分の進路を切りひらき、自分の関心を確認し掘り起こす契機となります。

したがって、探究活動では、生きる力を学習によって身につけられます。生徒たちは、実社会に学び、協働作業よって社会化が図られ、社会の一員として育っていきます。情報収集を実践し、知の構造化や社会の成り立ちを知ることができるところに、探究学習の価値があるといえるでしょう。（杉浦）

Q2 生徒は「誰でも」探究学習ができるのだろうか？

［A］ 探究はいわゆる学力が高い生徒にしか向いていないのではないかという現場の声があります。こうした問いは、そもそも実社会や実生活への興味・関心が薄いとされる現代の若者への見方が反映していると思われます。確かに「よりよく課題を発見」することは、知的関心やさまざまな課題への問題意識の高い生徒には比較的容易かもしれません。しかし、今回の指導要領では「探究」とつく科目の設定も行われています。「探究の見方・考え方」は各教科の課題にもなっています。教科書的な知識注入に偏重するのではなく、知識を活用した思考が重視されています。こうした授業で大切なことは、生徒の当事者性を喚起することでしょう。

自分とは関係ないと思われる社会の出来事でも、教員の指導によって生徒は自らの課題としてとらえるようになりますし、生徒にとって有用な社会の知識を教えること、あるいは教師が主導する生徒の進路学習でも生き方を考えたり、当事者性を喚起させることはできます。その意味でいえば、教員の適切な指導で生徒は「誰でも」探究学習のスタートに立てるといえます。（首藤）

Q3 進路指導にとってどんなメリットがあるのだろう？

［A］ 進路指導とは、生徒の卒業後の将来の希望を聞き出し、いろんな進路先の情報提供をしたり、適切なアドバイスをすることだと私は思っています。

担任をしていると、よくきく生徒のセリフが、「やりたいことが分からない」「何をしたいかが分からない」という悩みです。ですが、多くの場合、好きなことや苦手なことはもともとあっても、それを説明できなかったり、言い出せなかったり、向き合う機会がなかったことに起因するんじゃないか、と思うようになってきました。

探究は、教科の授業に比べれば圧倒的に少ない単位数ですが、教科横断的で、一斉授業ではない学びに、これから生きていくヒントを得る生徒はいるのではないでしょうか。実際、探究活動をして勉強が面白くなってきたという生徒の話や、これを機に卒業後の進路をみつけたという生徒もいます。

このようなエピソードから、探究の課題発見のための問いをつくる作業によって、考え続け（思考停止をしない）、自分ごとの課題をみつけた生徒は、自らの進路についても考え続け、自分で方向性をみつけるのではないでしょうか。

ただ、いわゆる進学校の中では、進路指導というと、難関大学に合格させることだと信じている（あるいはそうせざるを得ない）教員も少なからず存在します。しかし、探究をきっかけに自分ごとの課題をみつけた生徒は、勉強を難関大学に合格するためだけでなく、本当に自分の課題解決のために勉強をするようになります。そうなれば、おのずと進路実績も上がっていくのではないでしょうか。

探究は、まだまだやってみないと分からないことがたくさんあります。ただ、さまざまな探究を実践している学校の様子をみれば、生徒の中の興味関心を、教科の授業とは違ったアプローチで引き出す場としておられます。その意味で、探究の可能性を信じています。（小川）

Q4 教員の役割って何だろう？

［A］ 私は、探究において、教員が教科を教える「teach-er」でないことが大切だと思っています。「探究においては、何も教えない、教わらない」ということが、自分なりのモットーです。

教員は、生徒に寄り添い、ただただ面白がって伴走する。ときには、人生の先輩・サポーターとして、ときには、ファシリテーターとして、生徒の傍にいる「オトナ」……この程度と考えてちょうどいいと私は考えます。一方で、「適切に判断して教えるべきところは教えることが必要」と言い切る先生もおられます。さまざまな考えが存在し「正解」などありません。具体的にどうサポートすればいいのか、「こうしたらいい・ここまではしない方がいい」とか「教えない・教わらないとはどういう意味か」とか「一定の『指導性』とは？」など、教員として探究に関われば関わるほど、新たな疑問や考える材料が出てきます。まだまだこれからも、考え続けていきたいと思っています。（榎原）

Q5 外部連携って苦手なんですけど？

［A］ 私は岡山の大学に来て4年目ですが、講義のゲストは岡山方言研究家、法曹三者、消費生活相談員、NPO法人理事長、タレント、研究者、出版編集者など多岐にわたります。全く人脈のなかった岡山でどうやって知り合ったか？

こちらで「岡山弁協会」の存在を知り、その総会に出席したら会長とご縁ができました。総会司会者が、地元で活躍するタレントさんで、勤務先の大学OBだとわかり、ぜひ母校で教えたいという意向もあり「面白い話をするコツ」というテーマでワークショップをやってもらいました。NPO法人の方は「岡山に夜間中学校をつくる会」理事長です。地元紙で記事を拝見し、ぜひ会いたい！と思い、コンタクトを取って、インタビュー授業にお招きした、といった具合です。

全てわかっていないと教えられないと思い込むのはやめましょう。わからないことは専門家の助けを仰げばよいだけのこと。それぞれの「持ち場」で考えを巡らし、一緒に創るのが授業の醍醐味です。現場教員の頃から、さまざまな人と連携し生徒たちと一緒に人間・社会を考える授業をしてきましたが、連携先ルートは次のようにまとめられます。「お友達・知人ルート」、「大学ルート」、「研究会ルート」、「法曹界派遣ルート」、「教え子ルート」、「新規開拓ルート（全くのゼロから関係団体に問い合わせて紹介してもらうケース）」、「HPルート（インターネットから連絡するケース）」、「NPO・NGOルート」等です。

予算がない、という悩みもあるでしょう。でも検察官や裁判官は公務員ですから、交通費や謝礼は不要です。各弁護士会も無料派遣授業をやっているところが多くなってきました。各司法書士会も無料派遣をしています。研究者も地域貢献が重要な仕事になっていますから、むしろ謝礼を要求する大学のほうが少ないでしょう。案外「タダ（無料）」で連携できるところは多くあります。

連携のコツですが、好きになった人をデートに誘うために熱意を持って口説くことに似ています。好きな人であれば、一緒にいたいし、いろいろ話をしたいのは自然な感情です。「あなたと話をしながら、生徒たちとこんなことを考えたいのです。いかがでしょう」と熱く語れば、意中の人とデートの約束を取り付けるより確率は非常に高くなります（ただ「丸投げ」はダメです。大事なデートですから、「あなた」任せではなく、一緒につくる姿勢でいきましょう）。

また、高校生は学校外の他者（大人）との出会いを通じて確実に変わっていきます。たとえばインタビュー授業を経験した生徒は「行動力と交渉力が身についた」、「将来のことなど自分を見つめ直す機会になった」、「社会に出てからの『力』になった」、「自分にない世界観・人生観を広げられた」、「さまざまな意味で社会を知った」、「自分の知らない所でいろんな人が頑張っていることを学んだ」といった学びを得ます。コミュニケーションスキル、アイデンティティ、価値観といった自分自身への眼差しが変わるだけでなく、他者や社会を見る眼に「奥行き」が出てきます。また「連携」は「ご縁」です。会社を経営している教え子は、高校で模擬裁判の指導をして下さった弁護士さんと今も繋がり、法務上の良き相談相手だそうです。ある生徒はインタビューで出会った方を通じて職業を決め、今は寿司職人として頑張っています。連携は生徒の人生を良い意味で左右することもあります。

連携は「仕事」というより「道楽」です。「教員」の鎧を脱いで、教員自身が一人の「市民」として、さまざまな分野の人々と関わって生きていく姿勢を持てば、自ずと「好きな人」とつながります。あとは「偶然（たまたま）」を活かせるかどうかです。「偶然（たまたま）」には意味がありますから、「偶然（たまたま）」出会った人とはぜひ連携してみてください。（札埜）

〈参考文献〉札埜和男（2020）「外部講師とつながるコツとポイント」『京都発未来をつくる授業への扉　消費者市民社会をめざして』京都府消費生活安全センター p.26

Q6 探究における「評価」って何だろう？

［A］　通知表の「総合的な探究の時間」には修得したという「修」だけを記載する場合もありますが、ABCや優良可などと表示することもできます。ここで、２つの問いが浮かびました。

１つは、「探究」には教科学習のように点数評価はそぐわないですが、ABCなどというレベル評価は必要なのでしょうか。私自身は、「探究」への取り組みも評価したいと考えています。その理由は、教科学習は得意でなくても、「探究」には前向きでのめりこんで取り組むような生徒がいます。通知表を見たときに、低評価ばかりでも、「探究」の項目だけでも高評価があるという生徒に、自信を持ってほしいと考えているからです。「勉強苦手」というカテゴリーから、「探究」は得意になれば嬉しいというのはあくまで私の考え方です。

もう1つは、単純に高低の評価でなく、何が良くて、どこに課題が残るのか、文章表記にする方がいいのではないかという問いです。主体性は高い、行動力が優れている、プレゼン発表がわかりやすいなど、「探究」の取り組みの中で、その生徒の評価できる部分を文章にします。また、次はチームワークを意識しよう、アポイントの前にしっかり調べよう、発表準備を念入りにしようなどの課題も含めて表記する方法があります。これは丁寧に生徒一人ひとりを見ていないとできません。通知表に記載しなくても、別途、「探究」の評価として手渡すという方法もあります。せっかく、時間をかけて一人ひとりに文章表記でアプローチしても、指導要録や調査書にしか記載されないとなると、そもそも何のための評価かわからなくなってしまいます。

そもそも教員が評価すると、主観的になるので良くないという意見もあります。数値で基準を決める方が客観的で公平性が担保できるのではないかと。授業に何回欠席したか、振り返りシートには何行の意見を書けたか、提出書類は期限を守れたか、など誰から見てもブレない基準で評価する方がいいんです。調査書に記載された際に進路実現に影響が出てしまうという意見からでした。

私は、数値で評価できない部分こそが「探究」の醍醐味ではないかと感じています。ルーブリック*や生徒間の相互評価をうまく活用して、「先生」だけの主観にしないことも可能です。教員が思っている以上に、生徒同士の評価は誠実だし、教員が見落とす部分も同じ教室の中で見ているものであると考えます。

「評価」という考え方自体を問い直すときになっているのではないでしょうか。今まで通知表に一喜一憂していたのは、評価が「結果」でした。「探究」では、評価の持つ意味はフィードバック（振り返り）であり、探究サイクルを回すプロセスの一部であると捉えられます。例えば、ワールドカフェ（p.46）は、発表して観客から「いいね！」と批判や疑問をもらい、それを踏まえてブラッシュアップしていく取り組みです。「先生」からもらうだけだった「評価」ではなく、より「探究」を深める同級生からの「評価」の方が気になるかもしれないですね。

最近では、高校生のコンテストや大会でも、ただプレゼン発表して順位を決める「賞レース」は減ってきています。集まった高校生同士がお互いに刺激を受け合いながら、ブラッシュアップしていくための仕掛けがされていることが多く、単純に「評価」して終わりというのではもったいないです。

また、教科学習においても、観点別評価が重視され、ペーパーテストだけで点数評価しない方向に舵を切ろうとしています。新学習指導要領では、「知識・技能」「思考・判断・表現」「主体的に学習に取り組む態度」の３観点に整理されました。「評価」という概念自体も変換期を迎えているかもしれないです。「評価」の概念は本当に難しく、教員同士でも意見が異なることがほとんどです。模索（探究）しながら、生徒に頼りながら進めていけたらいいなと私は思っています。

（榎原）

＊ルーブリック：学習到達度を評価の観点（項目）とそのレベルを数段階に分けて表形式にしたもの。観点別に評価しやすく、またどうすれば高評価になるかわかりやすく生徒に提示できる。

Q7 「探究」ってそもそも何だろう？

［A］ 生徒が日常生活や社会に目を向けて自ら課題を設定する。そして、「課題の設定→情報の収集→整理・分析→まとめ・表現」の学習過程をたどり、次に自らの考えや課題が新たに更新されて、探究の過程が繰り返される。

こうした学習を通じて、「探究の見方・考え方」を働かせ、他教科との「横断的・総合的な学習」をあわせて「自己の在り方生き方」を考えることと「よりよく課題を発見し解決」していく「資質・能力」が育っていく……と、以上が学習指導要領における探究の学習イメージではありますが、ことばでは理解できたとしても、なかなか実感を伴ったものとなりにくいのが現状です。

これらについては、第 5 章（pp.133–145）でさらに検討します。

（首藤）

第5章

「探究」を深める

Ⅰ「探究」考

札埜和男（岡山理科大学教育学部准教授）

（1）なぜ今「探究」か？

「総合的な探究の時間」（以下「探究」と称す）は既に一部の進学校では実施されている（「探究」というと「堀川の奇跡」として知られる京都市立堀川高校は、1999年に設置された「探究」が〈売り〉であった。当時の校長の荒瀬克己氏は現在文部科学省初等中等教育分科会委員である）。筆者の前任校はSSH（スーパーサイエンスハイスクール）に4期連続で指定を受けた進学校だったが、第4期申請の際に文部科学省から、新しい科目を念頭に置いてカリキュラム中心に関わる計画を出すように示唆されていたのか、文系科目として「古典探究」「歴史探究」といった科目が生まれた。筆者は既に2016年度に「古典探究」を担当している。したがって「探究が注目されている」といわれても、何を今更、という感がある。まずSSH、SGH（スーパーグローバルハイスクール）といった指定を受けた一部進学校で「探究」を先取りして行い、それから遍く普及しようという計画だったのであろうか。

『高等学校学習指導要領（平成30年告示）解説　総合的な探究の時間編』の「第1節　1　改訂の経緯」には「今の子供たちやこれから誕生する子供たちが、成人して社会で活躍する頃には、我が国は厳しい挑戦の時代を迎えていると予想される。（中略）また、急激な少子高齢化が進む中で成熟社会を迎えた我が国にあっては、一人一人が持続可能な社会の担い手として、その多様性を原動力とし、質的な豊かさを伴った個人と社会の成長につながる新たな価値を生み出していくことが期待される」（文部科学省2019 p.1）。とある。未知の時代に向けて生きていく力をつけるために改訂され、その一つとして「探究」が設けられた、ということになるのであろうか。

「総合的な学習の時間」（以下「総合」と称す）では既に「探究的な学習」が重要であるとされてきたのだが、「総合的な探究の時間」にシフトした背景には「探究のプロセスの中でも『整理・分析』、『まとめ・表現』に対する取組が十分ではないという課題がある」こと、「本来の趣旨を実現できていない学校」があることなどが挙げられている（文部科学省2019 p.6）。中央教育審議会の「生活・総合的な学習の時間ワーキンググループ」委員の一人である黒上晴夫氏（関西大学総合情報学部教授）は次のように語る。

「……今後AI（人工知能）が進化すると、定型的な業務は次第にAIに代替され、多くの人が知的創造性の高い仕事や、高次の判断が必要な仕事に就くことが求められるようになると言われています。その時に必要とされるのは、知識の量だけではありません。様々な事象に対して何が問題であるのか、すなわち課題を設定し、課題解決に向けて様々な知識や情報を取り込みながら分析を行い、思考を巡らせ、課題の解決に導いていく、そういった力が必要不可欠となります。そして、まさにそうした力を身につけさせることをねらいとしているのが、探究学習なのです」(黒上2016 p.5)。

文脈からは一部の知的能力の高い高校生だけを対象にしているように読めるが、決してそういうことではなく、黒上氏曰く「こちらとしてはどんな生徒であっても、『学び』に出会わせることを大事にしている」ということであった(1)。「学び」に出会うことでどんな生徒でも探究の見方、考え方は身につくということである。

(2)「総合」と「探究」の違いや育つ力とは？

「総合」と「探究」の目標を比較してみよう。

「総合」に対し「探究」は(A)「探究的な学習」から(a)「探究」となっている。(C)「自己の在り方生き方を考えることができるように」なれば良かった「総合」に対して(c)「自己の在り方生き方を考えながら」となり、これが前提になっている。また「総合」は(B)「よりよく問題を解決する資質や能力を育成するとともに」と付随的だが、「探究」では(b)「よりよく課題を発見し解決していくための資質・能力を次のとおり育成することを目指す」ときっぱりと目的化している。(B)「問題を解決していく」のではなく(b)「課題を発見し解決していく」とある。両者を見比べると「総合」に比べ「探究」はより「学問的」になっているといえるだろう。「探究」の「第2節　内容の取扱いについての配慮事項　第3　指導計画の作成と内容の取扱い」にも「課題の設定においては、生徒が自分で課題を発見する過程を重視すること」(文部科学省2019 p.47)とあるので、教員側が問いを設ける形ではないことがわかる。したがって「探究」で身に付けさせようとするのは「課題の発見、およびその解決」に関わる力ということになる。

ただ、「課題を発見する」ことは高校生にとって、いや大学生にとっても至難の業である(2)。課題をどうやって見つけるかであるが、黒上氏によると課題設定の際に高校生で一番よく出てくるのが「何の関心もない」という答えだという。「だったら『関心の種を作ろう』というところから始めるスタンス」であり、「関心の種」を作る有効な教材として「道徳のジレンマ教材」を挙げる。ベネッセが発行している

表　目標からみた「総合」と「探究」の違い　(記号は筆者による)

科目	総合的な学習の時間	総合的な探究の時間
目標	横断的・総合的な学習や(A)探究的な学習を通して、自ら課題を見付け、自ら学び、自ら考え、主体的に判断し、(B)よりよく問題を解決する資質や能力を育成するとともに、学び方やものの考え方を身に付け、問題の解決や探究活動に主体的、創造的、協同的に取り組む態度を育て、(C)自己の在り方生き方を考えることができるようにする。	(a)探究の見方・考え方を働かせ、横断的・総合的な学習を行うことを通して、(c)自己の在り方生き方を考えながら、(b)よりよく課題を発見し解決していくための資質・能力を次のとおり育成することを目指す。

『未来を拓く探究シリーズ　探究ナビ　教師用』を見ると、「探究の実践」として高校生レベルに合わせて比較的わかりやすい表現で記されている（この本は大学生でも使える）。

総合では「資質・能力」の中の「態度」も重要視される。古いデータだが、文部科学省の初の総合的な学習の時間に関する研究開発指定校であった越ヶ谷小学校（埼玉県）の研究結果によると、同小の児童は「熱心にがんばる」「計画を立てられる」「大人と話せる」「人に優しくする」「約束を守ろうとする」「わかりやすくまとめる」「取材がじょうずになる」「生活に生かせる」といった項目で、対照校より２倍以上の自己評価だったという（吉崎2004 p.46）。いずれも「態度」に関わることである。現場経験のある大学教員の中には、小中では「態度」を育て、高校では「実行する力」を養う、と解釈している人もいる。しかし黒上氏によれば、そういう意図ではないらしい。今回３つの柱のうち、「学びに向かう力・人間性等」はそのまま受け取ると「態度」になる。けれども本来目指すところは態度ではなく「力」であり、それは、何かと何かを関連付ける能力つまりメタ認知の能力であり、この育成は小学校段階から意図しているという。「知識・技能」に則していうと、小学校でもインタビューをするにあたって、どういう行動をとるかどういう手続きをするか、そういったノウハウは身に付ける知識になる（恐らく小学校の教員はそこまで意識されていないだろうが）。手続き的知識も小学校段階から身につけることで高校に行ったら、また違ってくるであろう、ということであった。したがって小中と高で切れているのではなく、小学校の時から種を蒔いて螺旋の学習が始まるイメージである。

黒上氏のことばを借りて整理すると「学問の方法は教科で学び、その方法を１つだけでなく必要に応じて組み合わせて使う、それが探究の見方になる。『総合』では実用の学問を身につける、『探究』では組み合わせて応用する」ことになる[3]。

（３）多様な「探究」が生まれる可能性

「探究」は「各学校において定める目標については、各学校における教育目標を踏まえ」（文部科学省2019 p.26）とあり、「職業や自己に関する課題などを踏まえて設定すること」（文部科学省2019 p.31）ともある。とすると、「探究」が「総合」に比べより学問的であっても、実際に現場で展開される「探究」が学問的か否かは甚だ疑問である。恐らく「大学レベル並みの、きわめて学問的な探究」を実施する学校（SSHやSGHなどで既に探究のノウハウを持つ一部の進学校）や、「従来の進路学習を探究と称して」深く実施する学校（専門学科を持つ学校）、「それら二兎を追う学校（例えば大学附属高校）」、「深化した学問や進路メインとは異なる探究」を実施する学校（前述の３種類以外の学校）の、大別すると４パターンの探究が生まれるのではなかろうか。実際に各学校の目標を踏まえた「探究」を計画できるのだから、その学校に応じた「探究」になるであろう。「深化した学問や進路メインとは異なる探究」を行う学校において、これまでの進路中心の「総合」をやめ、実質的な「探究」を模索する学校が現れたり、地域との連携で成果を挙げる学校も出てきている[4]。今後の「探究」は、「深化した学問や進路メインとは異なる探究」を実施する学校が、それぞれの学校の現場に応じた探究を生み出すかによって方向性が変わっていくように思われる。そういう意味で「探究」は「多様性」を生み出す可能性を持つ「教科」だといえる。

(4) 今後の問題点

最後に、これから考えていかねばならない問題点を4点挙げておく。大きく分けて内容、教員、指導、進路に関する問題点になる。

まず1点目は内容に関する問題である。果たして高校の教科レベルで、見方や考え方も含めて学問の方法を教えることができるのか、ということである。暗記中心、問題演習中心のスタイルの授業をしてきた教員にとってはとまどいが大きいだろう。筆者はもともと現場では国語科教員であったが、法学部政治学科出身である。大学で培った政治学的なものの見方、考え方をどんな学力の高校生にでも身につけさせることができるか、といわれると甚だ心許ない。学問の方法は教科で教えるゆえに、教科にも「探究」が生まれたのであろうが、「探究」以外に教科でも「探究」をしなければならないのか、という現場教員の溜息が聞こえてくる。内容の中身自体も試行錯誤が続くことであろう。高校での「総合」の実態については、高橋（2019）によると「あまり印象に残っていない」「全く印象に残っていない」が質問紙調査の回答者の7割強を占め、学習内容は修学旅行の事前事後指導、進路学習が中心であり、学習方法は「書籍・資料を読む」「インターネットの検索」などの資料検索や読解が多く、学んだことは「自分の将来の進路がはっきりした」ことが最も多いという（高橋2019 p.52)。実態は「探究的」であるとはいえない。今回「職業や自己に関する課題などを踏まえて設定すること」という文面があることで、前述の「深化した学問や進路メインとは異なる探究」を実施する学校の中には、従来通りの進路に関する調べ学習に終始する学校が出てくる可能性は否めない。

2点目は教員に関する問題である。まず教員側に「研究の作法」を教える能力があるかどうかという問題、またそのような能力のある教員をどれだけ揃えられるかといった問題がある。「生徒の多様な課題に対する意識を生かすことができるよう配慮する」（文部科学省2019 p.41）ためには、基本的に個別指導となる。さらに「全教師が一体となって指導に当たる」（文部科学省2019 p.57）となれば全教員に等しく同じ質の能力が必要とされる。また「探究」で求められる方法は、多くの高校教員に「コペルニクス的転回」を余儀なく迫ることになるのではないか（先進的な取組に意欲的な教員は「探究」で求められることは既に行っているであろうが)。「探究」には「マニュアル」が存在しない。学問的である以上、創造していかなければならないわけである。果たして「働き方改革」が取り沙汰される中、「探究」に意識が向かうのだろうか。労働環境がそれを許すだろうか。ある高校教員のことばを借りれば「探究は決して予定調和に運ばず、予定通りにいかない分も視野に置いて余裕をもって取り組むもの」である。研究の成果などすぐに表れるものではない。そのような時間的余裕を学校現場は持てるのであろうか。

3点目は指導の問題である。「探究」の取組において、学校によってはNPO法人に「丸投げ」であったり、携わる中には「学校の教員はすぐに教えたがるから、関わってもらわなくてよい」という人もいる。多忙さや関心の無さから、教員の個別指導や全体であたる指導どころか、「探究」において教員が指導に関わらないというところも出てくることが予想される。ここでいう教員の指導性とは、答えを示すことでも手取り足取り教えることでもない。生徒が問いの立て方や調査研究の方法で迷った時に、一緒に考えたり支えたりすることである。先輩の成果物や仲間のやり方からヒントを得るといった生徒間の学び合いも勿論大事であるが、教員がどう関わるかというスタンスは問われるだろう。

4点目は進路に関する問題である。これは「進路に関する危惧」とも表現できる。ある中堅校の教員は語る。「いずれ『探究』を先取りする進学校の生徒らによって、これまで『総合』や『探究』などで頑張ってきた中堅校の生徒らが、AO入試や各種コンクールから押し出されるのではないか。ペーパーの学力で勝負してきた知的エリートが、今後『探究』の浸透により、大学レベルの『探究』の成果を引っ提げて同じ土俵に上がってきたら、今まで土俵としてきた場でも、弾き飛ばされる恐れが……」

筆者は前述の通り、進学校に勤めていたが（10年間）、当初はほとんど見向きもしなかったAO入試や指定校に、年々出願する生徒が増加していった。今後「探究」が浸透することによって、「進学とコンクール」市場でも進学校生徒が席捲する時代が来るかもしれない。

【注】

（1）2020年4月11日zoomにて佐藤功氏（大阪大学）とともにインタビューを実施した。

（2）最も至難の業である「課題発見」に焦点を当て丁寧に解説しているのが日本図書館協会編『問いをつくるスパイラル　考えることから探究学習をはじめよう！』である。問いをつくれ、と言ってもつくれない場合はどうしたらよいか、についても対応方法が掲載されている。

（3）「東進ハイスクールの林修がチャートを示す形ではなく、自分でチャートを作れる子供を育てるのが探究」（黒上氏の例え）。

（4）兵庫県のある私立高校では「人文探究」において模擬裁判を軸にしたプランを実施しており、筆者は外部講師として関わっている。宮崎県立飯野高校は「実践型地域課題解決学習」により地域とつながることで成果を収めている。黒上氏はほとんどの学校の参考になる手本として大阪の私学・清教学園高校での「タラントン」（清教学園高等学校探究科卒業論文のデザイン）の取組を挙げる。「どんな高校でも探究の入り口、モデルとして参考になるだろう。先輩がどんなふうに卒論をやり始めて、どんなふうに自分なりの意見や考えを作っていったかを図書館で閲覧できる」という。

【参考文献】

鬼沢真之・佐藤隆（2006）『未来への学力と日本の教育⑥学力を変える総合学習』明石書店

黒上晴夫（2016）「問題解決的な『探究学習』がこれからの時代を生きる力を育む」ベネッセ編『VIEW21』10月号 pp.4-9

黒上晴夫他編（2016）『未来を拓く探究シリーズ　探究ナビ　教師用』ベネッセ

高橋亜希子（2019）「高校での学習に関する大学生への回顧質問紙調査—総合的な学習・授業形態・自主活動・高校での学びに関して—」南山大学紀要『アカデミア』人文・自然科学編　第18号 pp.37-55

日本図書館協会図書館利用教育委員会図書館利用教育ハンドブック学校図書館（高等学校）版作業部会編（2011）『問いをつくるスパイラル　考えることから探究学習をはじめよう！』日本図書館協会

文部科学省（2019）『高等学校学習指導要領（平成30年告示）解説　総合的な探究の時間編』学校図書

吉崎静夫（2004）「総合的学習の学力」黒上晴夫編『教育改革のながれを読む』関西大学出版部 pp.39-51

謝辞

黒上晴夫先生にはご多忙のところ、インタビューに応じて下さり、いろいろとご教示いただきましたこと、お礼申し上げます。

Ⅱ「探究」を真に「探究」にするには

首藤広道（大阪府立高校教諭）

（1）「探究」における課題設定

本書前掲の札埜論文によれば、未知の時代を生き抜く力をつけるための核が「総合的な探究の時間」ということである。課題の設定→情報の収集→整理・分析→まとめ・表現→新たな課題設定→という発展的な循環が「探究」のめざす学習モデル『高等学校学習指導要領（平成30年告示）解説総合的な探究の時間編』で、これまで多くの先進的な高校で文部科学省推奨の実験的な学習として、またいわゆるアクティブラーニング的な位置づけとしても取り組まれてきた。その意味では学力の高い生徒層を対象としている印象もあるが、黒上氏（p.135）によると、「探究」は「どんな生徒であっても、『学び』に出会わせることを大事に」考えて、構成されたものであるという。しかし、経験的にいえば、多くの高校生にとって興味・関心のありかは必ずしも学校教育の中にはあるとはいえない。興味関心の対象はきわめて多様で、たとえば受験に役立つという功利的な目的以上に喚起するのは至難の業である。「課題設定の際に高校生で一番よく出てくるのが『何の関心もない』という答え」（p.135）というのは経験的に首肯できる。「何の関心もない」生徒が「学びに出会う」、つまり「探究」の入り口に立つには何が必要なのだろうか。

探究における生徒の学習の姿

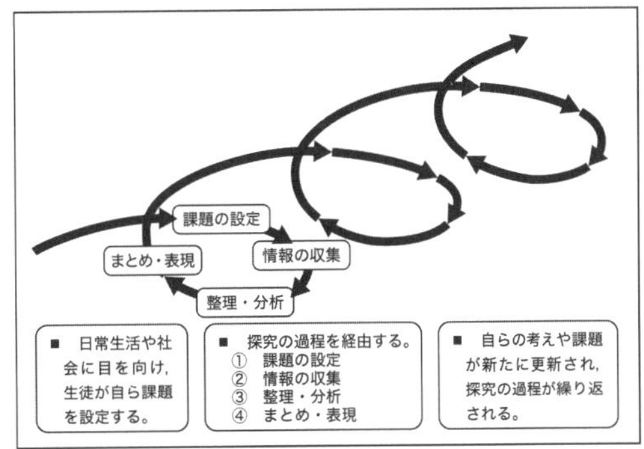

図Ａ 高等学校学習指導要領（平成30年告示）解説「総合的な探究の時間編」p.12

卑近な例であるが、新型コロナウイルス禍で俄かに注目を浴びたのが、「9月入学」である。学校に行けないという不利益を被っている高校生たちがネット上で署名活動をはじめ、9月入学を求めた。一部の政治家や教育評論家が「かねてから私は9月入学論者」「日本社会を大きく変えるチャンス」「今やらないとできない」とこれに飛びつき、メディアもこぞってとりあげた。「日本は学制が始まった当時は9月入学であった」「会計年度に合わせる中で入学時期も4月になった」などが伝えられ、私たちの知見は広がった。この話の始まりは、新型コロナウィルスによって日常の学校生活を奪われた高校生たちが、自らの学校に行く権利（学習権はもとより広く幸福追求権ととらえてもいい）の保障を行政に求めたもので、権利主体である高校生たちの当事者性の発露である。高校生の間でもネットなどで賛否両論、議論が広がったのは、権利主体の当事者性があればこそである。

この事例は探究の「課題設定」、言い換えると「テーマ」設定の方法に示唆をあたえてくれる。牽強付会（強引なこじつけ）の誹り(そし)を覚悟で話をすすめるが、「9月入学」は探究の課題になりうるだろうか。生徒・学生でいる間は、当事者性は担保されよう。切実度・温度差ということでいえば、「平時」といわば「非常時」ともいえるコロナ禍の最中では学びに向かう姿勢は異なってくるだろう。また、「9月入学」という4字だけでは茫洋としている。「9月入学は日本の教育を変えるか」とテーマを長くするとどうだろうか。研究者としてのテーマ設定としてはありかもしれないが、どこか当事者性に欠ける。やはり、生徒たちにとって切実なのは、「9月入学は私たちの学校に行く権利を保障するものになりうるか」ではないだろうか。そのテーマ設定の中には、9月入学という制度の問題と、「学校に行く権利を保障する」という権利主体の2つの課題設定がある。権利主体である高校生は当然、自らの問題として向き合わなければならないのである。

こうして考えると、生徒たちが探究の入り口に立つ、すなわち課題設定にあたっては、学ぶ主体が自らの権利を自覚し、当事者性をもって考えることのできるテーマがよりふさわしい。新学習指導要領は、課題設定にあたり、「実社会や実生活と自己とのかかわり」から「課題を立て」ることを求めている。これは第1次安倍政権が2006年に改定した旧教育基本法第2条（教育の方針）の「実際生活に即し」に代わるものであるとして意識したい。実際生活に即して自らの権利、あるいは生活要求に基づく願いに沿ったテーマに昇華されるとき、生徒たちの「探究」は始まるのではないだろうか。

一方でテーマ設定としては極めて個人的な知的探究欲求を満たすものもありうる。その場合は、個人的であるがゆえに、「主体的・協働的にとりくむ」の、「協働的」な学びになるかどうかは工夫が必要になるが、「道を究める」的に求道者のごとく、自らの知的関心が周囲を巻き込んで思わぬ学習効果をうむことはあるだろう。しかし、その際も「互いの良さを生かしながら新たに価値を創造し、よりよい社会を実現しようとする態度」を養うとする趣旨をふまえ、社会に参画する視点が重要ではないだろうか。これまでも「総合」を通じてとりくまれてきた実践では、高校生が地域に参加する中で地域のありかたを変容させるようなダイナミズムの中で高校生も成長している。探究の趣旨はこうした高校生の社会参加と成長を意図していることにも留意したい。

（2）新学習指導要領の「資質・能力」論と道徳化

ここで改めて、新学習指導要領（平成30年告示）について検討しておきたい。新学習指導要領はそれ以前のものとは大きく異なっている。これまでは、教科の内容を中心にして何をどう教えるかという建付けであった。しかし、今回は、いわゆる「学力の3要素」に基づく、「何ができるようになるか」という身につけさせるべき「資質・能力」がまずあり、それに従属する形で、「何を学ぶか」（「歴史探究」など「探究」と名前のついた科目）、「どのように学ぶか」（「対話的で主体的な深い学び」な

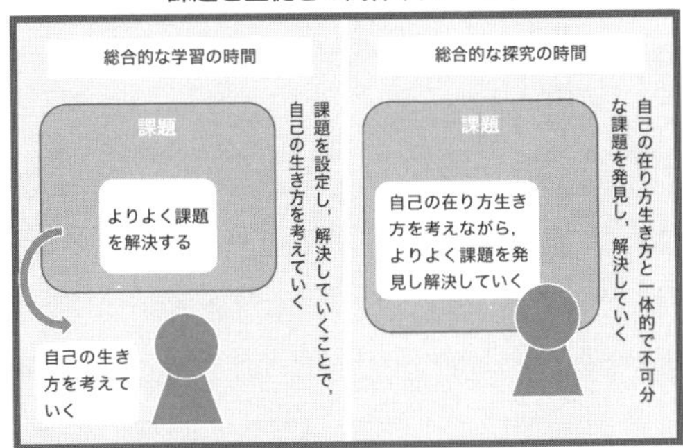

図Ｂ　前掲「解説」p.9

ど）という建付けになっている。この「資質・能力」こそは、「未知の時代に向けて生きていく力」（p.134）ということであるが、2000年改訂で出てきたいわゆる「生きる力」は、今回、明示的な言葉はないが「生き抜く力」というものに格上げされている印象がある。もう１点指摘しておきたいのは、この「未知の時代」なるものは、グローバル競争の奔流渦巻く国際社会である。文部科学省の中教審への諮問資料や中教審答申を見ても、日本の経済的な地位の低下に対する危機意識は強い。近年のSociety 5.0社会を意識した経済産業省の提言など、教育改革の主導権は実は文部科学省から経済産業省に移っている観がある。こうしてみると、日本の子どもたちは、過酷なグローバル社会の中で生き抜くためにふさわしい資質と能力を身につけるように学ばされること、そして学力という概念は、国家の政策として学校教育法や学習指導要領によって規定されており、そのグローバル社会を変革できない所与のものとして生き抜く力を育てること、この２点を教員は求められていることに留意したい。

さらに注意したいのは、新学習指導要領に組み込まれた道徳化の流れである。今回の学習指導要領は、2006年に「伝統と文化を尊重する」「我が国と郷土を愛する」国民育成を目標にすえて改定された教育基本法の集大成という意味をもつ。道徳は小中では教科に格上げされ、高校では「道徳教育推進教師」をおき、各教科や特別活動、「公共」などの科目を通じて横断的にとりくむこととされている。

「探究の課題と生徒との関係」（図Ｂ）には、探究の時間は、「自己の在り方と生き方と一体的で不可分な課題を発見し、解決していく」、課題の中には「自己の在り方生き方を考えながら、よりよく課題を発見し解決していく」と書き込まれ、さらに「自己のキャリア形成とも関連付けながら」と説明されている。

この「在り方・生き方を考えながら」の過程で、ともすれば特定の道徳的な価値観を善なるものとして教え込まれたり、それに疑いなく「順化」してしまうことで、自己の「人格の完成」を合わせるような同化が起こるのではないかという懸念がある。日本社会は個人の権利意識が弱く、同調圧力が強いということは、つとに指摘されるところである。コロナ禍で自粛しない者に対して、その背景・事情を顧慮することなくバッシングを浴びせるネット空間の言説があらわになった。教育における「人格の完成」とは意味深い言葉であるが、どのような人格として成長するかは、生徒たちが天賦のものとして与えられた権利に基づいて、自分たちの主体的な判断と選択、自己決定にゆだねられているはずである。新学習指導要領はこうした戦後教育が自明としてきた（少なくとも筆者はそう理解している）ことに対して、「生き方教育」のような形をとって人格の完成を道徳教育の中に回収してしまう危険性がひそんでいるのではないだろうか。とくに、「探究の時間」がイメージする指導の中にはそうした危険性が強いといわねばならない。「人にやさしくしましょう」という徳目は、一般的に批判すべきものでもないが、人の言動や物事の表面だけみて、一般的な道徳的価値観で判断してしまうと、本質を見失い、個人の間の分断につながりやすい。教員は特に意識すべきことではないだろうか。

(3)「探究」における「他者性」・「多様性」

次に、実際に学習を指導する上で留意すべき点を検討したい。「探究」では、知識注入ではない主体的な学びを目指したい。さらに「見方や考え方も含めて学問の方法」を教えることができる（札埜 p.136）ならば、それは画期的なことになるだろう。学問の柱の１つは真理の探究である。数学の難問に多くの学者が挑戦し、難解な理論を数百ページも展開するのは知的好奇心を満たす数学的真理の追究である。その過程には未知なるものへの解明に対する強い情熱と信念があるが、平たくいえば真理の解明に人はワクワクするのである。その真理の解明が人類社会の発展、あるいは危機の克服、そして個人の幸福に結びつくとき、単に個人的な欲求の充足にとどまらない、より価値あるものとして人々は認識し、その成果を享受する。

一方、自然科学的な真理は１つに絞りやすいが、人間社会の中では必ずしも真理は１つとはいえない。「戦争はやってはならない」という人類が経験上到達したテーゼも、侵略戦争なのか自衛戦争なのかいろんな意見がわかれてしまう。せいぜい「紛争は話し合いで解決しよう」といういささか道徳的なスローガンなら大多数の人が共有できる程度ではないだろうか。しかし、その中でもゆるがせにできないものは、「他者の人権・権利を不当に侵害してならない」ということ、さらに権利と権利が衝突した際には「公共の福祉」の原理で調整するという社会の基本的な原則である。これがないと社会は無法地帯となり、個人の生存は危機にさらされる。

自分の人権・権利、他者の人権・権利を尊重する姿勢、すなわち他者性の認識は、「探究」のみならずあらゆる生活の場面で必要であるが、特に「探究」においては、生徒の議論の結論が道徳的に回収されてしまわないためにもぜひ必要な視点であることを強調しておきたい。本書の「食品ロス」を例にとりあげるならば、生徒の結論として出すと思われる「食べ物は粗末にしないようにこころがけましょう」というのは多くの人が首肯する話である。実際に「探究」学習がすすめば、こうした陳腐な結論がでることはないだろうと思うが、時間の制約と教員の取組の強弱の中で十分に深められないことも予想される。こうした陳腐な把握にならないために必要なものが、他者性の認識だと考える。新学習指導要領解説には、「質の高い探究」の在り方として「高度化」「自律化」の２つの点を指摘している（「解説」p.9）。しかし、他者性の視点は明示されていない。「自分にとってのかかわりが深いこと」と「社会参画」の視点があり、「社会参画」に必要な視点が他者性である。

たとえば、食品ロスはいろんな他者性、いいかえると立場性が見えてくる課題である。消費者、生産者、小売業者、メーカー、国、自治体…さまざまな立場性がある。それぞれに主張や背景があるだろう。おそらくその中で、「食品ロスをできるだけ減らそう」というのは一致できる合意点になりうる。それぞれの立場を意識することで、課題解決を心がけの問題に回収せず、問題を構造的に把握しながら、具体的に自分に何ができ、何をすべきかという問いが生まれる。同時に、社会はどう取り組むべきかという課題がでてくる。さらに、課題に取り組む社会をつくるために自分は何すべきかという問いが生まれる。こうして、他者性を意識することで、自他の権利を尊重しつつ共存できる社会をつくるために、自分と社会は何ができるか、あるいはすべきか、そしてそういう共生の社会をつくるためにどんな取組が必要なのか、という問いが生まれてくる。深い学びというのは、そうした問いの循環の中で成しえていくものだという視点が大切なのである。

次に大切なのは、探究の学びの場に「意見の多様性」「解の多様性」を担保することである。人間社会では真理は1つではない。「探究」の学びにおいては、生徒の自由な発言にもとづく「対話的な学び」は特に重要だろう。生徒が発言を臆するようでは、「深い学び」にもつながらない。たとえ拙く幼い意見でも生徒の発言は最大限保障されることが必要である。また、何かの結論を出すにおいても、そこは少数意見も尊重されることは重要である。「たとえ多数決であっても個人の意志を決めることはできない」という原則は確認しておかねばならない。

(4)「探究」における「政治的判断力」

次に大切な視点は、政治的判断力の課題である。これは他者性の認識や多様性の担保につながる問題でもある。課題解決にあたって必ず必要になるのは権利と権利の衝突をどう調整するかという課題である。その原理となるのは、「公共の福祉」という憲法の考え方であるが、2020年の新型コロナウイルス禍でも、行動の自由や営業の自由を制限されて、では保障はどうするのかというリアルな課題が社会に突き付けられたことは記憶に新しい。私権を制限されるとき、どう権利の救済を求めるのか、あるいはやむなく私権を制限せざるをえないとき、どうやって調整するのか、私権を制限された人々にどう保障をするのか、その調整が求められる。政治とはまさにそうした調整の過程である。政治的判断力とは自他の権利を最大限尊重しながら、個人や社会がどう行動するか、どう対策を立てるか、最適解、あるいは納得解を形成していく基礎となるものである。

「探究」では、たとえば課題解決にあたって、複数の取組が提案され、どちらかを選ばないといけないとき、集団としてどちらを選択するかという課題が生じる。本当に自分はそれを望むのか、他者はどうか、その選択は自他の権利を保障するものになるか、私権を制限するとき、その保障はどうするのか、それは極めて重要な政治的判断を伴うことであり、決して政治家の専売特許ではないのである。

もう一点、政治的判断力についてミクロな視点を提起しておきたい。それはクラスの人間関係にかかわる問題である。クラスの中にはさまざまな政治的力学が働いている。Aさんグループと Bさんグループの確執、Cさんの孤立…などは日常の光景である。他者性の認識や多様性に基づく、自由な発言は探究学習の基本であるが、学習単位の中にある政治的な力学、平易に述べると、人間関係の中にある権力性を探究の中で生徒が意識化し、相対化できるようになることが望ましいといえるだろう。探究の学びの中で、生徒が無意識のうちに縛られている権力性（これは教師による権力性も含めて）から自由になれるような学びをめざしたいものである。

（5）探究における教員の指導性の課題

最後に、「探究」を指導する教員の指導性の課題について述べたい。「解説」には「内容の取扱いについての配慮事項」として教員の指導の在り方について記述されている。「課題設定や解決方法を教師が必要以上に教えてしまう」ことを踏まえ、生徒の探究が「自立的な学習」になるよう、また「生徒が自分で課題を発見できる過程を重視すること」を教員に求めている。さらに、求められる「資質・能力」を、他の教科で得られた知見を動員して、調べたことを比較、分類、関連付けるなどの技能を活用して、情報機器も使いながら学びをすすめるように求められている。

生徒が自立的な学習をすすめるためにも、「探究」の中で、教員が必要な知識を体系的に教えることは必要になってくるだろう。したがって、教えることを躊躇することはない。適切に判断して教えるべきところは教えることが必要だ。しかし、結論を決めてしまうような教え方、1つしか正解がない場合、それを早々と言ってしまうようなことは避けるべきだろう。また、生徒の他者性の認識を妨げるような教えや、意見の多様性を担保しない指導も避けなければならない。

教員の指導性の中でもっとも重視したいのが、教員自身が、生徒が設定した課題に対して、自分の経験知、知見に基づいたステレオタイプの指導観をもたないことだろう。生徒に比して教員は圧倒的な知識量の差がある。生徒が設定した課題に対して、内心「これはこういう問題だな」とストーリ－ができてしまう。学問的な問いのまえには生徒も教員も対等であるという意識が必要なのかもしれない。自戒を込めて言えば、これまで「総合的な学習の時間」で取り扱ってきたテーマは、あらかじめ結論のわかっている定式化されたテーマをワークシート、あるいはワークショップも入れつつ生徒に学ばせてきた側面はなかっただろうか。

こうして考えてみると、教員に求められるのは、ファシリテーションの能力であろう。参加者が目的と方法を共有できる場の設定のスキル、できるだけ多くの意見が交流できるよう意見を引き出し、受け止めるコミュニケーションスキル、機を見てあまたの意見を集約して組み合わせる議論の構造化のスキル、そして、異同を「見える化」させ、対立から合意に向かわせる合意形成のスキルである。「探究」での学びは、教員も生徒もこれまでの定式化された学校知や思考の枠組みを実社会に生きる中で生じる問いに照らして今一度批判的にとらえなおし、最適解を求めて生徒とともに一緒に探究していくということである。生徒が自分の意見を主張し、意見交流の中でまた練り直していける協働学習の中で、それぞれのスキルを生徒の実態に応じて発揮させるとき、生徒の探究の学びはより深まるだろう。教員にはそうした構えとそれを実現するスキルが求められているのではないだろうか。

（6）結びにかえて

さて、ここまで書くと、読者の中から、「時間的・人的余裕もない中、こんな難しいことできません！」という声が聞こえてきそうである。まさにそのとおりである。今回の学習指導要領では「探究」はいろんな科目で導入されている。探究の「見方・考え方」のオンパレードで、教科教育でも大きな変化を余儀なくされるであろう。

では、どうするか。教科教育は教員の専門性のアップデートが欠かせない。「探究」が教科教育で培った見方・考え方を働かせるというところからしても、教科教育の充実が求められよう。一方で、探究では教員が自らの専門性でカバーできない部分については、専門家を教室に招聘するなど専門家の協力を仰ぐという発想も重要だ。学校をとりまく様々な教育資源の活用、そうしたその道のプロとの協働の関係、Win-Win の関係を構築していくことも必要な視点である。そして、もっとも重要な視点は、「できる範囲」で「生徒も教員も楽しい」と思える「探究」学習をつくろうという構えであるように思う。行政にはそうした教員のとりくみを支える財政的な支援や人的支援を積極的に求めたい。幸い日本の学校では、多くの学校でそうした先進的な取組の蓄積がある。その取組に学ぶことからスタートできるのではないだろうか。

おわりに

小野田正利（大阪大学名誉教授）

1.「探求」と「探究」

私が小学校高学年だった55年前の通信簿の性格行動記述欄に、２年間続けて「探究心が旺盛であり」と書いてあったことを覚えている。当時は意味が理解できず「探究心って何？」と思ってた。やがて私は「フランス教育制度研究」から転じて「保護者対応トラブル」とか「学校近隣トラブル」という奇想天外なテーマに取り組んで、曲がりなりにも大学教師という職を勤めあげたので、当時の担任の見立ては間違っていなかったのかもしれない。

もっとも大学教師になってから指導した学生たちの推薦状を書く際には、マニアックでもいいので余程のこだわりをもってゼミの発表や卒業論文を書いている学生にしか「探究心が旺盛で」という表現を使わず、ちょっと足りないなぁという学生の場合は「探求心があり」と、それなりに区別して使っていた。この文書のもらい手が、「究」と「求」の違いをどれほど注意深く見ていたかは知らないが。

どちらも悪い意味ではないが、「求」がやや態度や関心という意味を強く印象づけるのに比して、「究」は深く掘り下げる行動や行為そのものを指している、と私はとらえている。したがって高校の学習指導要領が「総合的な探究の時間」（以下「探究」）とした狙いは、具体的な探索と分析を含めた「行動を伴う」ことを期待しているということだろう。

2.「トリビアの泉」から「チコちゃんに叱られる」へ

かつてフジテレビ系列で人気番組「トリビアの泉～素晴らしきムダ知識」（2002年～2012年）が放送されていたことをご存じの方も多いだろう。番組の冒頭ではアリストテレスの「すべての人間は生まれながらにして知ることを欲する」というナレーションが使われていた。「えぇ、そうだったの？」という意味で「へぇ」という言葉も大流行したが、要するにムダな雑学知識に焦点をあてて、その確認をすることが番組作りの基調であった。

それから６年が経った2018年にNHKが始めて大人気となっているのが「チコちゃんに叱られる！」である。素朴で当たり前すぎて答えられないような疑問を、５歳児のチコちゃんに問われて、大人たちが答えられないと「ボーっと生きてんじゃねーよ！」と激しく叱られるという番組である。そこで出されている問題は、知らなくても生きていけるニッチ（隙間）的なトリビア（ムダ知識）といえなくもない。

放送界に精通してはいないので、この２つの番組の制作過程は不明であるが、その展開の仕方は明らかに異なるように私は思っている。前者は「そういうことか」という豆知識を提供することを主眼に置いているのに対して、後者は「疑問から出発」し、本当にそうなのかを検証するスタンスを基調にしている。「探究」の課題を見出すことは高校生でも難しいから苦労すると決めつけずに、チコちゃんの疑問のように「なぜ」「どうして」という素朴な問いでハードルを下げる方法で誘ってもいいのではないかと、毎週笑いながら番組を見て思う。

3．「実験」を忘れていないか

本書の魅力ある執筆者たちに、私は大阪大学在職中に出会っている。いつもながらこのメンバーたちの精力的な行動力には驚かされる。今回もゲラ原稿ができあがってきてから、わずか１週間で「おわりに」を書いてほしいという無茶ぶりだ。

私も大学で教職科目の責任者を長年務め、教員免許取得を希望する学生らに「総合的な学習の時間」や「総合的な探究の時間」の講義を受け持ったことがあるので、それなりにプロの目で本書を通読させてもらった。第２章の「SNS」から「請願」のワークシートは、「探究」の本格実施を前にして戸惑う高校教師たちに「そういう発想とやり方でやればいいんだ」という自信をもたせてくれる。だがここであえて辛口の批評を加えておこう。

「探究」の方法や進め方は、「調査」だけではなく、むしろ基本は「観察」と「実験」にあるはずだ。例えば、第２章のⅢではプラスチックごみの排出と環境問題が示されている。しかし、この課題への取り組みは、「汚染されている」ことを前提とした文系的な調べ学習とディベートだけでなく、「どのぐらいプラスチックごみが川や海を汚染しているのか？」「ビニール製品はそんなに簡単に劣化するのか？」という疑問を立て、自らが主体的に確かめる行動からスタートさせてもいいと思う。

すでに中学生程度の夏休みの自由研究で、ナイロン製の赤ちゃん用タイツを使って湖沼や河川水や海水をすくい上げたり、ガラス瓶の中に多様なプラスチック材を入れて1000回程度振ったりすることで、マイクロプラスチックが身の回りにどの程度存在するのか、生み出されるのかを、顕微鏡で確かめることがおこなわれている。自分の手足と目を使って確認することは、言葉巧みでまことしやかなフェイクに惑わされないためにも必要なことであり、そこから地に足の着いた次の探究課題がさらに見つかるだろう。

「探究」の時間の標準は３単位～６単位とされているため、多くの高校では１年間で終わらせたいという意識がどうしても強く働く。しかし、データを記録化し残しておけば、５年後・10年後の生徒たちの実験結果との比較検証も可能なのである。本書の「ワークシート＋指導解説」は、３か月や半年で「なんらかの成果」が目に見えて、終えることができるような指導法へと誘導していないだろうか。おそらく文系科目の教師たちが中心となって議論したことが関係しているのだろうが、理系や実技系の教師たちが加われば、また違った視点とやり方も工夫され、より肉厚なものとなるだろう。

4．井上ひさしさんの名言

「探究」したプロセスと結果は、自分の中だけにとどめずに、うきうきしながら他者にわかりやすく説明し、楽しく理解してもらうことが最終仕上げとして重要であり、だからこそ本書でもプレゼンテーションの仕方に留意している。劇作家で小説家の井上ひさしさんの名言「むずかしいことをやさしく、やさしいことをふかく、ふかいことをおもしろく」を「探究」を進める際の高校生たちの合言葉にして取り組もうではないか。

著者たちによる
著者紹介

杉浦真理（すぎうら・しんり）立命館宇治高校教諭　**【2章Ⅲ、4章Q1　担当】**
杉浦さんとの出会いは、互いに発表者として参加した憲法をテーマとしたシンポ。ずっと女性（真理＝まり）と思ってました。お会いした時は同年齢の男性で驚きました。でも驚かされるのは、それ以降。高校生向け副教材『私たちが拓く日本の未来』の執筆者を務められるほど、模擬投票の実践を始め日本のシティズンシップ教育の第一人者としての活躍ぶり。実践的研究を通じて「真理」を追究される生徒思いのかたです。（札埜和男記）

札埜和男（ふだの・かずお）岡山理科大学教育学部准教授　**【4章Q5、5章Ⅰ　担当】**
長く国語科の高校教諭として活躍。弁護士・裁判官・検察官とコラボした模擬裁判の教材化など、その授業スタイルは近江商人の「三方（売り手・買い手・世間）良し」的でかつ「探究」的である。現在は大学准教授として将来の教員の育成に力を注ぐ。『法廷はことばの教室や！傍聴センセイ裁判録』（大修館書店）、『大阪弁「ほんまもん」講座』（新潮新書）などの著書がある。博士（文学）。日本笑い学会理事。（首藤広道記）

首藤広道（しゅとう・ひろみち）大阪府立高校教諭　**【1章、2章Ⅴ、4章Q2，Q7、5章Ⅱ　担当】**
初任の頃からお世話になりっ放しの大先輩。こんな風に授業できたらいいなと憧れ、見様見真似で必死に授業している私に、新しい世界を見せてくれた。歌舞伎やコンサートなどに飛び回る多趣味さで、文化資本が高く、常識的で安定感は抜群。学年主任を何度も担い、学校運営に欠かせない存在感。「これどう思いますか」と意見を求めたことは数知れず、研究会などに誘っていただき、今の私の教育観がある。若手を気にかけ、エンパワーしてくれる恩師。（榎原佳江記）

榎原佳江（えのきはら・よしえ）大阪府立高校教諭　**【2章Ⅳ、3章、4章Q4，Q6　担当】**
出会いは偶然。共通の知り合いを介した飲み会。不思議なもので、その後とある会議で再会し、定期的に酒を酌み交わしてます。えのきさんの仕事ぶりや話を聞いていると、私の知る限り彼女ほど生徒にとことん付き合い伴走する教員はいません。そして生徒の持ち味を引き出すことを「探究」し続ける姿勢は数々の実践報告からも滲みでています。生徒と社会を繋げることをモットーに必要とあらば即実践。彼女のような大人と出会えた生徒は本当に幸運です。（小川未来記）

小川未来（おがわ・みき）大阪府立高校教諭　**【2章Ⅱ、4章Q3　担当】**
通称「おがみ」。無表情ながら口もとにアルカイクスマイルをたたえつつ状況を的確に判断し行動する。彼女が最近、某研究会主催の「コロナ禍における学校行事報告会」で語った報告タイトルが「生徒の力を信じる勇気」。このネーミングに、彼女の学校や生徒へ向き合う姿勢が出ているなー、と痛感。「大阪府高等学校社会科研究会」から「呑める人(ひと)女子会」に至るまで、硬軟さまざまな団体をしっかり見極め関わる方です。（佐藤功記）

佐藤　功（さとう・いさお）大阪大学大学院人間科学研究科教授　**【はじめに、2章Ⅰ、Ⅵ　担当】**
サトウさんは、今まであった大阪人で一番優しい人です。みんなを楽しませてナンボ。生徒目線＋教員目線で、どうしたら授業おもろくなるのか、どうしたら生徒は自ら動くのか、グループを創らせ、わちゃわちゃ相談させ、調べ、人に会わせる。社会に発信する方法を取り入れる。生徒を信じてさせてみる。そんな教育実践は、多くの研究会で異彩を放つ。大阪府立高校教員から転身した阪大でも存分に学生を巻き込んだ授業（イベント？）をしかけている。（杉浦真理記）

小野田正利（おのだ・まさとし）大阪大学名誉教授　**【おわりに　担当】**
われわれ毎度毎度の「無理難題」をしっかり受けとめてのご一筆、本当にありがとうございました。（著者一同記）

現場発！　高校「総合探究」ワークを始めよう
教室と社会を結ぶ「探究」ワークシート＆指導書

2021年3月19日　初版第1刷発行

編著者――佐藤 功
発行者――花岡萬之
発行所――学事出版株式会社
〒101-0021 東京都千代田区外神田2-2-3
電話03-3255-5471
http://www.gakuji.co.jp

編集担当　丸山久夫
装　　丁　精文堂印刷デザイン室　内炭篤詞
印刷製本　精文堂印刷株式会社

ISBN978-4-7619-2710-3 C3037